跨文化视域下英语翻译与教学研究

侯莹莹　著

中国纺织出版社有限公司

图书在版编目（CIP）数据

跨文化视域下英语翻译与教学研究 / 侯莹莹著 . --
北京：中国纺织出版社有限公司，2022. 6（2025 . 5重印）
ISBN 978-7-5180-0120-0

Ⅰ. ①跨…　Ⅱ. ①侯…　Ⅲ. ①英语-翻译-教学研究
Ⅳ. ①H315. 9

中国版本图书馆 CIP 数据核字（2022）第 108877 号

策划编辑：韩　阳　　　责任编辑：郭　婷
责任校对：楼旭红　　　责任印制：储志伟

中国纺织出版社有限公司出版发行
地址：北京市朝阳区百子湾东里 A407 号楼　邮政编码：100124
销售电话：010—67004422　传真：010—87155801
http://www. c-textilep. com
中国纺织出版社天猫旗舰店
官方微博 http://weibo. com/2119887771
河北晔盛亚印刷有限公司印刷　各地新华书店经销
2022 年 6 月第 1 版　2025 年 5 月第 2 次印刷
开本：710×1000　1/16　印张：11. 5
字数：210 千字　定价：88. 00 元

前　言

随着经济全球化的发展，各国人民的交往日益频繁，语言承担起更为重要的沟通作用。成功沟通的保障是准确、合理地使用语言，而成功沟通的关键是掌握不同文化的差异，以便在具体的文化环境中规范、灵活并且得体地运用对象国语言。英语是全球通用语言，英语学习者应当了解英语语言国家特别是英美国家的文化，从而掌握英语的本质，真正提高英语的运用能力。

在人类社会越来越复杂、信息流通越来越便捷的情况下，文化的更新转型日益加快，各种文化的发展面临着不同的机遇和挑战，新的文化层出不穷。随着经济全球化进程的加快，世界各国的交流越来越多，多种文化之间的相互碰撞越来越频繁，文化的多元性越来越显著。

文化是影响交际的一个重要因素，语言与文化有着密切的关系，文化对语言和非语言交际都有着重要影响。英语是在多元文化和语言环境中发展、变化着的语言，并形成了各种带有不同地域色彩的语言文体。英语不再为所谓的“标准英语”使用者所独有，而是属于具有不同语言文化背景的世界各国的使用者。各国文化都是博大精深的，要学习一门语言就要掌握该语言中的各种文化，而教师和学生的精力都很有限，不可能掌握所有文化的内涵，因而要有所取舍。对于我国学生来讲，要重点把握中西方文化。

在当前的英语教学中，教师注重的是语言知识的教学和语言技能的操练，要求会读、会听、会写即可，对于文章背后的文化知识则讲解甚少，以至于影响了学生交际活动的开展。在英语学习中不能忽视实际的运用场合，同时应注意中西方在文化上的差异。语言是文化的一种表现形式，不了解英美文化，要学好英语是不可能的。反过来说，越深刻细致地了解所学语言国家的历史、文化、传统、风俗习惯等，就越能正确理解和准确地使用这一门语言，才能实现文化间的交流。在多元文化背景下，大学英语教学面临着历史性的挑战。英语教学不仅要培养学生英语知识和技能，而且要让学生学习和了解中外文化，提高学生的跨文化意识和交际能力，将学生培养成为新时期的跨文化交际人才。因此，研究多元文化与英语教学的结合是非常必要的。

本书主要探寻多元文化背景下当代大学英语翻译与教学的方法和策略，旨在推动大学英语多元文化教学改革的不断深入，同时也希望能够为英语教学工作者提供借鉴。由于笔者水平有限，书中难免存在不足之处，敬请广大专家、学者、读者批评指正。

著　者

2022 年 3 月

目 录

第一章
跨文化教育概述

第一节　跨文化教育

一、跨文化教育的概念

不同文化背景下的学者对跨文化教育的界定有着不同的方法和理念，有的界定强调文化的多样性与多元发展；有的界定强调文化的差异性与相应的不同发展规则；有的界定侧重人类学、社会学、心理学等学科的综合；有的界定则更加注重和一些国际组织，地方性、民族性组织理念的一致，如教育学界的界定即突出教师教什么、学生学什么等问题。

1. 多学科综合的跨文化教育概念界定

跨文化教育领域的一些专家仿效人类学家和民族学家，将文化集团（职业的、种族的、性别的）而不是阶级和阶层作为研究对象。

美国文化问题专家司尼托指出，在制定教育政策、规划教育内容、培训各种教师、构建教育体系时，应首先考虑文化的差异，进而通过保证每个学生，不论他们在肤色、种族、性别、年龄、宗教信仰、政治、阶级、语言及其他方面有什么差别，都拥有获得智力、心理发展的一切必要的机会。同时指出，文化可以被理解为一系列综合因素如共同的历史、地理位置、语言、社会阶级和宗教等结合在一起的人口集团创造并赞同的不断变化的价值取向、传统、社会和政治态度、世界观。

2. 民族学专家的跨文化教育概念界定

美国跨文化教育专家班克斯（James A. Banks）在其教育论著中对跨文化教育概念的界定为："跨文化教育包括三个方面的事情：一种思想或概念，说明所有的学生，不管他们属于什么群体，例如属于性别、民族、种族、文化、社会阶层、宗教或特殊者的那些群体，应该在学校里体验到教育平等的思想；一场教育改革运动，它规划并引起学校的改革，以保证少数民族学生取得成功的平等机会；一个持续的教育过程，说明它努力去实现的理想目标在人类社会中短期内不能完全实现，需要一个过程。”

班克斯教授对跨文化教育概念的这一界定，以少数民族及其文化为视角，是来自跨文化教育内部的研究者的理论成果，是多元之中一元的典型代表，是跨文化教育中关于多元的一种独特理解，与世界其他跨文化教育国家中该领域专家的有关界定十分吻合，因此可称为目前国际较公认的跨文化教育概念的界定。

3. 教育学界专家有关跨文化教育概念的界定

跨文化教育发展演进的历史告诉我们，跨文化教育并非先在教育界引发并被重视，而是在民族运动过程中被首先提出来的。因此，教育学界对跨文化教育概念的界定一方面和文化与民族学界的界定有密切的联系，跨文化教育做了独特的解释。跨文化教育即是一种观念，教会学习者认识民族、社会阶层、性别差异、宗教信仰、能力差别等；使儿童和青少年在他们发展的关键期形成在未来民主、平等与公平社会中工作时所必备的责任心和公共性。

二、跨文化教育的形成

1. 跨文化教育形成的社会历史背景

19 世纪、20 世纪初和 20 世纪后 50 年世界范围性的 3 次移民浪潮导致的社会变革就是多民族国家格局的形成。目前，单一民族国家在世界上已不多见。由于在一个国家范围内具有不同文化背景的几种、几十种甚至上百种族群共同生活，不同族群在国家的政治、经济、文化、教育等方面提出代表本族群利益的理想与诉求，特别是那些处于主流社会边缘的少数民族，他们对本族群语言与文化的保护意识，社会政治、经济与教育权利的追求意识的觉醒，直接对西方国家 20 世纪初形成的同化主义和融合主义的社会主流意识形态、国家制度与政策提出了挑战。20 世纪后 50 年，文化多元主义逐渐形成了一股社会思潮，并由此引发了 20 世纪 60 年代的美国黑人运动。

美国著名的跨文化教育学者班克斯将西方国家的民族复兴运动的发展概括为四个主要阶段。

（1）前期阶段（The Precondition Phase）

班克斯认为，民族复兴运动一般发生在帝国主义、殖民主义和政治上实行种族歧视的国家社会中。在这些国家里，因国家的政治法律制度有利于统治族群，少数族裔在政治、经济与文化教育等社会领域受到歧视与压制。随着帝国主义、殖民主义与实行种族歧视的社会的日益瓦解，这些国家的少数族裔出现了反对种族歧视，争取在各个领域的平等待遇与公平发展机会的呼声，政府在社会的舆论压力下也实施了一系列的改革措施，以缓和社会统治民族与少数族裔的关系。

（2）初期阶段（The First or Early Phase）

在民族复兴运动的初期阶段，首先，种族偏见与歧视的讨论公开化、社会化，统治民族与少数族裔的族群边界意识强化，往往以“我们与他们”来加以区分。其次，少数族裔在抗议统治民族的示威活动中，在寻求新的族群自我认同的过程中，形成了强烈的民族自我意识。在强化的民族自我意识的支配下，少数族裔开始寻求复兴本民族的历史、语言与文化，并设法使其合法化。但在这一过程中，少数族裔也容易将本民族的历史、语言与文化加上一些虚构的幻想，并从某种单一的原因，一些极端的观点、立场来阐释复杂的政治、经济、文化与教育等社会历史与现状，认为种族主义是导致族群关系紧张的唯一原因。

（3）中期阶段（The Later Phase）

在民族复兴运动的中期阶段，首先，少数族裔对导致族群之间冲突的原因，从“单一原因解释”走向寻求“多种原因解释”。该时期，消极的民族自我意识趋于缓和，少数族裔团体开始组成联盟，以集体的、更加理性化的方式表达对种族偏见与歧视的不满。其次，从不同角度研究族群理论的专家、学者的研究态度发生了转变。在民族复兴运动的初期阶段，族群问题研究的专家、学者尽管不苟同当时某些激进改革者的观点与行为，但他们很少在公开场合表达自己的态度与观点。在中期阶段，由于少数族裔群体消极的民族自我意识逐渐减弱，反种族主义运动逐渐趋于理性化，并且在不同族群成员之间开展了相关的对话，这些专家、学者消除了动辄被冠以种族主义者的顾虑，开始在公开场合对种族偏见、种族歧视等相关族群关系问题进行探讨。另外，各国政府也开始对本国少数族裔采取一些宽容和让步的做法，如允许黑人在学校开设有关黑人的历史、语言与文化等课程，给少数族裔的入学、就业以及担任社会政府机关重要职位提供某些优惠政策，以增加他们融入主流社会的各种机会。

（4）后期阶段（The Final Phase）

在民族复兴后期阶段。由于初、中期阶段所进行的各种改革已逐步以法律的、政策的、制度的形式，在社会的政治、经济、文化与教育等方面得到

了具体的落实，民族复兴运动的成果，极大地鼓舞了除少数族裔以外的某些社会弱势集团争取本群体的合法利益的斗争。这些社会弱势群体包括妇女、残疾人等。这些弱势群体与少数族裔相呼应，引起了社会与政府的重视，社会与政府将这些弱势群体视为同一集合体，拟定相应法律与政策，统筹兼顾一并解决他们的问题。例如，在教育领域，一些国家政府为这些弱势群体在学校开设相应的课程，统称为“跨文化教育”。因此，当前西方国家的跨文化教育是以少数族裔教育为核心的，同时，还包括面对弱势群体的教育。

班克斯认为，上述民族复兴运动发展四个阶段的划分是一种类似韦伯（M. Weber）提出的理想型构建。而实际上这四个发展阶段并没有明显的界线，是一种相对的划分。后一个阶段不一定在前一个阶段结束后才开始，各个阶段之间有相互重叠的可能。而且，民族复兴运动发展到后期阶段并没有也不可能完成其追求的最终目标。民族复兴运动将是一个长期的、周而复始的、此起彼伏的人类社会现象，不过重新崛起的民族复兴运动，在少数族裔诉求的内容上有其独特的差异。尽管如此，20 世纪 60 年代开始的民族复兴运动对跨文化教育的形成与发展起到了直接的、积极的推进作用。

2. 跨文化教育思想形成的理论基础

跨文化教育思想形成的理论基础主要由美国的社会民族理论中的文化多元主义（Cultural Pluralism）、文化人类学中的文化传承理论与文化相对主义、心理学中的社会学习理论、教育学中的教育机会均等理论所组成。文化多元主义理论是跨文化教育直接的主要理论基础。文化多元主义的代表人物是美国的哲学、心理学教授赫瑞丝·凯伦（Horace Kallen）。文化多元主义认为，在一个多民族国家里，每个民族群体都可以保留本民族的语言和传统文化，与此同时，他们也应融入国家的主流文化中去。

文化相对主义（Cultural Relativism）的代表人物是文化人类学家赫斯柯维兹。人类学的文化相对主义认为，每种社会文化都有它自己的特色，人的思想感情等都是由它的生活方式所塑造的。文化相对主义的核心是尊重不同文化的差异，谋求各种文化并存。人类学的文化传承理论认为，社会的代际文化传承不仅在学校中进行，而且更多的是在家庭和社区活动中实现的。心理学的社会学习理论认为，年轻一代的社会化是一种行为模仿的结果。而不同社会族群、学校、社区与家庭特有的文化模式将会涵盖具有不同信仰、价值观与行为模式的人。

教育学的教育机会均等理论也是跨文化教育的基础理论之一，所谓教育机会均等（Equal Educational Opportunity）是指将所有的事物提供给所有的人，而不能以学生的种族、文化、宗教信仰、性别等差异为理由减少或剥夺他们受教育的机会。上述这些理论为20世纪60年代形成的跨文化教育思潮奠定了理论基础。

三、跨文化教育的基本理念

跨文化教育实质是要“通过教育改革特别是课程改革，来培养学生的跨文化适应能力，帮助学生从其他文化角度来观察自己的文化，使学生获得本民族文化、主流文化以及全球化社会所必需的知识、技能、态度，消除在性别、种族、民族、宗教、社会阶层等方面存在的偏见与歧视，使每个学生都有同等的学习机会，都能体验到学习的成功”。跨文化教育体现了这样一种思想，即所有学生，不管他们来自何种社会阶层、性别、种族，都应该在学校享有平等的学习机会。其基本理念可归纳如下：

1. 尊重文化的多元与平等

文化是在对人性、事物、自然、社会等规律及应对办法的探索中概括和总结出来的思想，由于不同的地理环境、思维习惯、时代背景、观察角度，就产生了不同的文化类型。从这个观点来看，文化只有类型的差异，没有高低的分别。推行单一文化和自称代表进步与文明的文化霸权主义都会破坏自由、民主和全球安全。跨文化教育观认为，各民族文化都是人类的财富，具有重要的教育价值。承认文化之间的平等性，不仅要从思想上充分认识不同文化都具有其自身的特色，更要从教育内容、教育最终结果上保证对文化的保存和传递。只有承认文化之间只存在差异而不存在先进与否，才能使一种文化得以保存并不断传递下去。因此，在课程设计上，跨文化课程应打破以主流文化为中心的藩篱，在强调主流文化的同时，给予少数族裔文化相同的地位与发展空间。

2. 强调文化的整合互动与创新

跨文化教育不是各种文化简单地加在一起。因此，跨文化教育需要各种文化相互接触、相互作用和相互渗透。跨文化应实现多种文化之间的有效对话、沟通和整合，以宽广的视野关注和提取各种文化的精华，容纳区域内文化和文化间的理解，并以开放的态度面对文化全球化的趋势和要求。在培养学生民族自尊心和自豪感的同时，促使学生对不同民族文化产生认同和接纳，通过文化间的相互理解，促进整体和谐发展。当然，跨文化教育不是一个静止的对文化复制的过程，而是动态生成、文化创新的过程，强调在民族交流中实现文化创新。跨文化教育不仅是文化传承的载体，其本身就是一种新的课程文化，即在对跨文化进行反思批判的基础上，构建生成的创新课程文化。

3. 追求全纳教育的公平与正义

全纳教育是通过增加学习、文化与社区参与，减少教育系统内外的排斥，关注并满足不同需求，是一种没有排斥、没有歧视、没有分类的教育。全纳教育与跨文化教育的重要理念都是改变弱势群体的受教育机会，追求全社会受教育权利和机会的均等，要求人们不受政治、经济、社会地位和民族、种族、信仰及性别差异的限制，都享有受教育的权利。它既是实现教育民主化的前提，又是教育民主化的重要内容。在承认文化平等的基础上，尊重、鼓励不同文化的发展，让学生能在学校中有权利和机会学习到不同文化，体现教育的公平与正义。跨文化教育对社会公平与正义的追求就是通过承认文化的多元平等，传播公平对待不同种族、性别、阶层和国家的价值与理念，培养具有跨文化理念的学生而不断实现的。

4. 提倡个性化教育

我国是一个多民族国家，学生的文化背景差异是不可忽视的客观事实。从教育公平角度看，这种差异不应该成为学生学习的障碍。跨文化教育充分尊重学生的这种差异，从不同的文化背景角度，考虑学生的生理、心理、年龄特点，考虑学生的天赋、特长、兴趣、爱好，考虑学生的社会志向和职业选择；尊重学生的个性，突出学生在整个受教育过程中的主体地位，培养学生的主体意识和主体能力；提倡发挥学生的学习积极性，重视学生个性的和谐发展，唤起学生的求知欲和对个人全面发展的追求；引导学生独立思考、主动获取信息，实现知识、能力和人格的协同发展。这种理念体现在课程上就是要通过跨文化课程的建构来适应不同文化背景学生的学习需要，为他们创造平等的学习和发展机会。

跨文化教育的提出转变了传统民族教育的知识观、教育观和社会观，促进了新型教育思想体系的形成。所以，学校系统引入跨文化教育就是要让来自不同民族的学生在学习国家主流文化的同时认识和理解社会中的其他文化，包括学生自身所属的文化等。

第二节 跨文化视野中的语言与语境

一、中西方社会文化的差异

1. 价值观念的差异

（1）主流价值观

西方文化价值观的主流是为自我满足而奋斗的精神。西方文化张扬个性，强调维护个人利益，注重独立自主、发挥个人潜力，强化个人权利意识。个人主义是通常的准则，自我实现是人生的最高需求和目的，独立是实现自我的最有效手段，人权神圣不可侵犯，是实现自我的保障。

中国主流文化价值观是“和合”精神。中华民族自古就注重和谐。在人与自然的关系上，崇尚天人合一，人与自然和谐相处；在人与人的关系上，强调以和为贵，与人为善；在国家之间的关系上，主张亲仁善邻，协和万邦。

（2）竞争意识

在重视个人培养、强调个人独立和崇尚自我实现的美国，竞争是其基本价值观之一，社会鼓励其成员竞争，人们也以积极的态度踊跃地参加。他们相信竞争不仅推动个人价值的实现，也推动社会的进步与发展。整个美国社会犹如一个大的竞技场，人人都为获得自己的所需而努力拼搏并击败他人。

中华民族是个倡导重义轻利的民族，注重道德修养，强调“天人合一”“以和为贵”“中庸之道”“深入民心”“君子忧道不忧贫”“君子不言利”等思想，中国人把物质利益放在次要地位。中国传统的价值观不鼓励人们竞争。个人太突出，必定打破原有的平衡与和谐。中国人强调天时、地利、人和，古人讲“天时不如地利，地利不如人和”，特别注重“和”。

（3）自立意识

西方人的自我中心意识和独立意识很强，主要表现在：①成年公民（以18岁为界）都倾向于自己选择自己的行为，并为自己的行为负责，他人的意见仅供参考，社会对个人的抉择权予以普遍承认与尊重。②教育体制鼓励青少年学会自立并授之以相应技巧。孩子从小就被灌输独立意识，父母要求孩子自小学会自立。在可能的情况下，父母尽量让孩子拥有自己的空间。要是一个20岁左右的人仍待在家里，依靠父母或其他人生活，他会被人耻笑和瞧

不起。③不过问他人的事情。主动帮助别人或接受别人帮助在西方常常是令人难堪的事。因为接受帮助可能证明自己无能，而主动帮助别人会被认为是干涉别人的私事。

中华民族是一个爱好和平、与人为善的民族。人们喜欢依赖父母及朋友，古语说："在家靠父母，出门靠朋友。"现在的青年人更是如此，特别是独生子女们，更享有几辈人的娇宠，他们的自理能力是很差的。中国人的行为准则是"我对他人、对社会是否有用"，个人的价值是在对集体奉献中体现出来的。中国文化推崇一种高尚的情操——无私奉献。在中国，主动关心别人、给人以无微不至的体贴是一种美德，因此，中国人不论别人的大事小事、家事私事都愿主动关心，而这在西方会被视为"多管闲事"。

（4）个人荣誉感

西方人崇拜个人奋斗，尤其为个人取得的成就自豪，从来不掩饰自己的自信心、荣誉感，以及分享获得成就后的喜悦。相反，中国文化不主张炫耀个人荣誉，而是提倡谦虚。中国人反对王婆卖瓜式的自吹自擂，然而中国式的自我谦虚却常常使西方人大为不满。"Your English is very good.（你的英文很好。）"，"No，no，my English is very poor.（不，我的英文很差。）"，"You've done a very good job.（你的工作做得很好。）"，"No，I don't think so，It's the result of joint efforts.（不，这是大家共同努力的结果。）"这种谦虚，在西方人看来，不仅否定了自己，还否定了赞扬者的鉴赏力。这种中国式的谦虚在西方社会是行不通的。

（5）时间及效率观念

在中国"寸阴寸金""救人如救火""千钧一发""笨鸟先飞早入林""只争朝夕"教导人们要珍惜时间，充分利用时间。但在实际生活中，勤俭节约的中国人，在时间上却比西方人大方。慢节奏在人们的客套话中略见一斑，如"慢走""慢慢吃""慢慢玩"等。改革开放以来，人们的时间观念发生了极大的变化，"时间就是效益"等观念深入人心。而在西方，追求工作效率价值观已扎根在人们的灵魂中。"工作是一种生存手段，是创造财富、实现自我价值的方式。单位时间内所创造财富的数量和质量代表劳动者的能力。"西方人一向重视效率，如闻名全球的快餐业充分体现了美国人对时间与效率的重视。

2. 家庭关系的差异

(1) 家庭观念

中国以家族为本位。“修身”“齐家”“治国”“平天下”是中国人立身处世的纲领。家在中国人心目中是生活的宇宙，是生活的港湾，具有至高无上的凝聚力。孟子认为：圣人是“人伦之民”，伦的核心是“绝对服从”，幼服长，妻服夫。使家变得如此重要的原因之一就是“孝”，“百善孝为先”，“孝道”是中国的国本、国粹。

西方文化突出自我、个人，追求人的独立。长辈与晚辈之间可以直呼姓名。在西方，亲人间的界限划分明确，老少聚餐，各自付款，对孩子也非常尊重，进孩子房间首先要问：“我能进来吗?”强调以子女脱离父母独立生活、奋斗为荣，乐于谈论个人见解。

(2) 家庭结构

中国人重视家庭，血缘关系、亲情观念强。家庭结构比较复杂，三四代同堂是中国传统的幸福家庭。在这样的家庭中，子女年幼时依赖父母，成年后则对父母负有赡养的义务。哪怕成家立业、另设门户，和父母仍不分彼此，把赡养父母、侍奉父母看作自己应尽的责任。美国式的家庭主要由父母和未成年的孩子构成，结构比较简单。子女与父母之间没有太多的依赖性。子女一到成年，就会离巢而飞，父母不再抚养他们；而子女一旦独立，对父母家的事也不再理会，一般也不会赡养父母。这种做法虽然能够培养孩子的独立生活能力，但家庭成员之间的关系相对比较疏远。

二、中西方交际文化的差异

1. 思维方式的差异

在面对世界的时候，中西方人眼中的世界是不同的，他们均按照各自的文化精神、宇宙观来思考和理解这个世界。

(1) 感性直觉思维与理性逻辑思维

中国传统思维重视感性直觉思维，西方传统思维重视理性逻辑思维。林语堂认为：“中国人的头脑羞于抽象的辞藻，喜欢妇女的语言。中国人的思维方式是综合的、具体的。”“中国人在很大程度上依靠直觉去揭开自然界之谜。”这些话虽然极端，但不乏几分道理。中国自古以来逻辑学不发达，不善于理性分析和逻辑思维，抽象水平很低。我们把两千多年前的墨家几何学和欧几里得几何学来进行比较，墨家几何形成“端”“尺”“区”“中”“平”

等概念，而欧氏几何则形成“点”“线”“面”“长”“宽”“高”等概念，显然“点”比“端”、“线”比“尺”、“面”比“区”要抽象得多，已经是一个抽象概念。它们之间的区别，是经验概括和抽象概念的区别，“端”“尺”“区”仍停留在直观性和形象性的层次上。今天许多人写文章仍喜欢用比较形象的词语表达深奥抽象的理论。如写作理论把直截了当的开头称为“单刀直入”，把巧妙地指出文章的主题叫“画龙点睛”，把轻描淡写称为“蜻蜓点水”。中国的形容词、成语特别多，几乎每个词都有一个意象，而抽象名词又特别少，这样使得优美、富有意境的汉语诗歌、散文翻译成西方语言时往往失去了原来的韵味；而西方的科学论文翻译成中文，又很难找到相近的词语表达，以致近现代一些翻译家不得不大量创造一些新的词汇适应西方科学著作的翻译。中国传统思维重内省顿悟、重类比推理。先直觉到某一真理，然后用多种具体比较和形象寓意阐述。如论证“阴”和“阳”普遍存在，举出天地、日月、男女、君臣、气血等加以说明。这样一来，可能会产生出许多天才的联想，但缺乏严密性和科学性。西方重实验验证、重归纳和演绎。爱因斯坦把西方科学思维归结为形式逻辑和实验。形式逻辑使概念确定，实验使概念具有数学定量化的公式，并有最终对正确和错误进行评判的标准。由此我们不难理解，我国古代有世界上最早、最丰富的关于哈雷彗星的观察记载，但最先计算出哈雷彗星周期、轨迹的反而是哈雷。

（2）整体性思维与解析性思维

以整体性为特征的“元气论”和以个体性为特征的“原子论”分别对中西思维方式产生了深远影响，前者横向铺开，注重事物的相互关系和整体把握；后者纵向深入，注重事物的分析解剖和个体研究。中国人的整体观念源于对自然界的朴素认识，按照自然界的本来面目把它当作一个整体来观察。人与自然、个体与社会不可分割，互相影响，互相对应，一切都被放在关系网中从整体上综合考察其有机联系。这种思维方式善于从客观的具象出发，通过类比联想对客体进行抽象，寻求其普遍性。这种多方向的类比联想包括从个体到个体、从个体到整体、从整体到整体和从整体到个体的思考，因此具有鲜明的综合整体特征。虽然这种整体观念比较容易把握事物发展的全貌，可是难以揭示现象背后的深刻原因，从而只能得出停留在现象上的结论。

（3）曲线的思维方式与直线的思维方式

中西方人的思维轨迹是不同的，中国人的思维轨迹是圆形的、曲线的，西方人的思维轨迹是直线的。中国文化是圆形文化、曲线文化。中国的天象是圆形的。圆形宇宙哲学意识深深地扎根在中国人的心中。北朝民歌“敕勒川，阴山下，天似穹庐，笼盖四野”就是这种文化的体现。《周易》的太极图是圆形的，阴阳的互相转化始终走不出圆形的桎梏，儒道互补的文化特色是圆形的，也在太极图的规范之内。既然是圆形的思维方式，有圆必有圆心，于是中国人认为北极是天之中央，众星辰围着北极而转，与此相对应形成了古代中国人的中央思想，中央是绝对权威，一切都得围绕中央而转。因此，中国两千多年的封建社会，虽经历多次改朝换代，中央集权制的官僚政体却一直保存了下来。

与中国文化相反，西方人的思维方式是直线的。欧几里得的几何学是直线的，亚里士多德的逻辑学是直线的，由此奠定了西方人直线思维方式的文化基础。西方人面对世界，通过理念或逻辑结构，使之变成一种可以交流的东西，以便所有人都能够依据公认的统一尺度决定对它的取舍。古希腊文化一开始就有很明显的科学倾向。希腊哲学史上的伟大哲人大多为宇宙的统一追求科学性的答案做出过贡献，到亚里士多德建立了逻辑学，奠定了西方人科学的思维方式发展的基础。西方文化发展的历史就是一个不断毁灭和新生的直线型的历史，西方文化在发展的过程中，文化的中心不断转移：希腊、罗马、威尼斯诸城、英国、法国、德国、美国，哲学上柏拉图的理念、黑格尔的绝对观念一个接一个地不断被否定。从此，西方文化在以后的发展中把这种思维方式辐射到认识的各个领域。

（4）模糊性思维与准确性思维

模糊性是中国传统思维的一大特点，而准确性是西方思维的一大特点。西方人将一日三餐（breakfast、lunch、supper）按照时间分得清清楚楚。中国人则不习惯于精确地确定一个词或概念的所指，而是习惯于在一种动态过程中，根据上下文等语境来确定其所指，例如“你吃饭了没有?”“饭”可以指三餐中的任何一餐，但人们往往无须指明，因为从说话时间就可推知“饭”的具体所指。

2. 服饰文化的差异

中西方的服饰文化差异一直存在，从历史渊源、人们的生活习惯、文化传统和地理环境等方面，形成了各具特色的风貌和体系。中式服装崇尚装饰，富有传统的民族特色。西式服装注重展示人体之美，讲究穿着效应，善于显露和突出主体，有着浓郁的时代气息，是时代精神的反映。

(1) 中西方穿衣观念的差异

在几千年的历史传统中，中国是一个礼仪之邦，非常崇尚礼数传统与等级制度。古代中国的服装一向被看作穿着者权力和地位的象征。加上儒家道家等几千年的源远流长的文化的影响，中国形成的服饰美学观念表现在服装造型上的是意象的结构，这种平面的直线与曲线的裁剪方法使衣服适体又不完全合体，不裸露张扬也不尽力束缚。在遮体的隐约之中含蓄地显现了流畅婉约、温情流动的人体曲线美。造型意识是节奏化的，在宽衣的贴体与离体之间流露气韵。当穿在身上时，起伏连绵的衣褶和曲直缠绕的襟裾，营造了飘忽自在的效果。在造型上使用这种没有明确凹凸的平面裁剪方法，求得了一个自成纹理、和谐统一的空间造型。这种平面剪裁的服装造型，更趋向于整体感。因此，中式服装造型更显视域空间大，更显大气。

西方有崇尚人体的传统，要求服装能使穿着者更好地表现人体的线条美。西方的穿着观念是服装穿着必须为人体服务，服装穿着要能使人体显长掩短，将人体装点得更美。西方受到古希腊和古罗马文化的影响，经历了文化禁锢与文艺复兴，服装式样无论怎么翻新，都是为了极力地体现人体美。现今人们都崇尚穿着合体的衣裙，在服装裁制时要求“收省”“折裥”、做垫肩、系腰带、大坍领或开衩等，以及在裁制妇式服装时要求突出胸部的丰满、腰部的纤细，用裙子的长度来调节下肢，目的是进一步突出和强化人的身体。洛可可时期用鲸鱼骨支撑起的罩裙也突出了西方追求夸张华丽造型的特点。

价值观不同导致穿衣的风格也有较大差异。中国文化中根深蒂固的集体主义价值观也影响了中国人对衣着的偏好。古代中国人对服装的观念比较保守含蓄，因为中国传统倡导自尊自爱，对服装的穿着不追求标新立异而注重“自我调节”，并往往是在调节新旧观念的冲突中寻求新的和谐。中国人讲究穿着搭配上的协调、渐进与含蓄之美，非常愿意克制自己穿着个性的外露。中国的服装从秦汉到明代，虽有小的发展，但总的变化不大。到现代，虽然衣服变化多样，但是绝大多数中国人的衣着习惯还是相对保守。

而崇尚个人主义价值观的西方人，追求的是“个人本位”，以自我为中心，服装穿着也极具个性，敢于标新立异，我行我素，非常讲究穿着个性的表露。在街头几乎找不到两个穿着完全同样的服装的人，即使男性也是如此，他们敢于大胆地穿出自己的风格。他们认为，穿着与众不同的服装是为了表示自己在社会中的存在，以及自身存在的社会价值。但西方的这种穿着观念也有弊端，那就是容易走向极端，前几年西方街头出现的嬉皮士服装、补丁装和乞丐装等便是一例。

中国人侧重对服装的装饰点缀，西方人侧重服装的整体造型。中国人对服装穿着价值的认可体现在衣片上面，即如何做图案的铺陈和各类装饰工艺的点缀。对服装的装饰一是为了显示着装者社会地位，作为权力的象征；二是作为反映服装美的一种最直接的表现。我国的传统服装，在细节上的要求精致到极点。不论什么朝代的服装都经常描龙绣凤，着眼于开襟、衣领、袖边等细节部位的装饰，或在长短宽窄之间做细小变化，但是很少从式样造型结构方面去考虑改革和创新。这种观念的形成有其历史原因，在我国，历来把服装与人同等看待。墨子曾说过“其为衣服，非为身体，皆为观好”，意思是把衣服本身当作一种独立的工艺品来欣赏。无论是“宽衣博带”的深衣或袍服之类的正规服装，还是平常穿的便服，从繁复华丽的纹样与色彩，到精美绝伦的材料与工艺，都是围绕着“装饰”这个宗旨进行设计的。

西方人重视服装造型结构的组合之美，所以服装造型富有变化，经常更新。西式服装随着人体的运动姿态和穿着者的举止行动，呈现为动态状的时空造型，所以奥格尔称西式服装是“走动的建筑”，正因如此，西式服装所追求的是在动的变化中产生的形体造型效果。所以西式服装的造型大都能适身合体，能满足人体高低起伏曲线变化的需要，能起到充分显露人体美的功能，有时还能显长掩短，达到修饰人体不足的特殊效果。在今天，西式立体造型服装之所以能受到普遍欢迎，富有时代精神，成为时代潮流的象征，是因为西方的服装穿着观念包含有一定的科学性与合理性。西方人重科学尚进取，强调改变自然和征服自然。表现于服装方面，四季服装的色彩与时令季节的自然环境形成鲜明对比。

（2）设计造型的差异

①中西方服装结构设计的差异。中式服装的结构是按照人体站立时的静态姿势设计的。我国传统的服装从古代深衣制作时就采用了人体两臂平展、两腿稍劈站立姿态的结构形式，因此，裁制成的服装是直线状、整片式、平面型的。普通的衣服穿在身上平直宽松、朴素简便、利于劳动。中式服装举手抬腿、蹲坐跨步都很方便，不受拘束。正因如此，中式上衣在晾晒、折叠、收藏时都很方便。由于中式上衣的结构是独片相连的，所以它是整片式的，裁剪方法比较简单。西式服装非常强调符合体型，因而服装的结构较为复杂。它以人体结构的躯干、上肢、下肢的各个局部，分别设计出领子、衣身、袖子、裤筒等各个主要部位，并加上一些附属部件而构成整件衣和裤；

而各个主要部件，也是按照人体外形轮廓的长短、大小、粗细设计成不规则的筒状、管状等形式。如按照较粗大的胸围、臀围及较细小的腰围、领围设计不规则的筒状的衣身、圈状的衣领，按照臂、腿的外形设计上粗、下细的袖管、裤管等。

②中西服装的款式设计的差异。这种差异的产生与中西方人的体型差异有重大关系，中国人比较娇小纤细，身体的线条比较柔和；西方人比较健硕，骨架也相对粗大，身体线条凹凸也更加明显。

中式服装的款式偏向含蓄保守。我国传统的服装造型历来都要求把人体严严实实地包裹起来，紧扣的衣领，宽空的衣身，长长的衣袖和裤、裙，似乎是一只口袋，把人体装在里面。

相对来说，西式服装在式样方面就开放得多，显露身材而变化多端。各类袒露、开放的造型仍是西式服装的造型主流，形形色色的大坍领、V字领、短包袖、马甲袖等被频繁地交替使用着。在裁制夏季服装或晚装时，女士们都喜欢选用那些薄而透的衣料，尽显身材曲线之美。西式服装的造型除了崇尚袒露以外，也有讲究遮掩的。西式服装也有各种封闭裹身式的，但性质与中式的不一样。西式的裹身服装是立体紧窄式的，紧贴人体，能使人体曲线毕露，如紧臀式牛仔裤、用针织衣料制作的弹力衫或羊毛套裙等。西式服装的造型不论是袒露式的还是裹身式的，都是服装款式开放的结果，是从属于同一主题的两种表现。

③中西方对服装色彩的偏好差异。一个民族对颜色的喜好从某种意义上来讲正好反映了这个民族潜意识的性格特征。在上古时代，黑色被中国的先人认为是支配万物的天帝色彩。夏、商、周时天子的冕服为黑色。后来随着封建集权专制的发展，人们把对天神（黑色）的崇拜转向对大地（黄色）的崇拜，所以形成“黄为贵”的传统观念。传统服装色彩受阴阳五行影响，有青、红、黑、白、黄五色之说。它们被称为正色，其他颜色为间色，正色在大多数朝代为上等社会专用，表示高贵。在民间，正色也是人们衣着配色所喜爱和追求的颜色。后来高贵神秘的紫色也被皇室贵族指定为着装颜色。

而在西方，在罗马时代最流行的色彩是白色和紫色，白色代表纯洁、正直，紫色象征高贵。中世纪时哥特式教堂中彩色玻璃窗被装饰得辉煌灿烂，其目的是引导人们追求天堂，因此服饰上充满宗教气氛的色彩被人们向往。欧洲文艺复兴以来，随着服饰奢华程度的升级，明亮的色彩受到人们的欢迎。法国人特别喜欢丁香色和蔷薇色，也很迷恋含蓄的天蓝色和圣洁的白色；西班牙人崇尚高雅的玫瑰红和灰色调；在英国，黑色被认为是神秘、高贵的色彩。

④中西方对服饰图案的选择差异。中西服饰在对图案的选择上也呈现出一定的差异。中式服装喜好运用图案表示吉祥的祝愿。从古至今，从高贵绸缎到民间印花布，吉祥图样的运用极为广泛。如龙凤呈祥、龙飞凤舞、九龙戏珠等图样，不仅隐喻着图腾崇拜，而且抒发着“龙的传人”的情感；而鹤鹿同春、喜鹊登梅、凤穿牡丹等图案，反映了人民对美满生活的期望。

西式服装上的图案随着历史的变迁而不断变化。古代多流行花草放样，意大利文艺复兴时期流行华丽的花卉图案，法国路易十五时期，受洛可可装饰风格的影响，流行表现S形或旋涡形的藤草和清淡柔和的庭院花草放样。近代有影响力的流行图案花草放样有野兽派的杜飞花草放样、利用几何透视原理设计的欧普图案等。

⑤中西方对服装面料的选取差异。中国曾经是著称于世的“丝绸王国”，所以裁制传统的中式服装均以丝绸为主。利用丝绸裁制的服装，柔软滑爽、通气性好，夏季穿着凉爽舒适，冬季穿着轻盈保暖。同时丝绸衣料色彩鲜艳，纹样图案精致细腻。选用丝绸衣料裁制的服装，富有民族特色，并可缀以镶、嵌、滚、绣等各项工艺装饰，穿上以后给人以雍容高贵、窈窕妩媚的感觉。

西方人在过去大都以狩猎或游牧为主，所以在原始社会时期他们就懂得用兽毛皮来制作衣物，以保护和装饰自己。中世纪以后，西方国家的毛纺和毛织工艺得到迅速发展，特别是英国、意大利等国的毛纺工艺更为精湛，毛呢衣料的穿着日趋普遍。在当时，西方国家的男子服饰大多是用毛呢衣料裁制的，所以他们的毛呢织物的品种也很繁多。毛呢衣料的特点是坚实、挺括、可塑性强。所以用毛呢衣料裁制成的服装，通过热塑变形和热塑定形（即俗称推、归、拔工艺）处理，可使外形有高低起伏的变化，穿着后适身合体，给人以端庄、风度翩翩、充满朝气和活力的感觉。

3. 交流语言的差异

（1）称谓称呼差异

汉语中有着丰富的称谓系统，对所有的亲属及社会关系都有明确的称谓来定位。而英语中的称谓则少得可怜。在我国，一向以尊敬老人为传统美德，以“老”字为尊称，老人被称为“老先生、老大爷、老大娘”等；德高望重的长者被称为“张老、李老”；而政界资深的人则被称为“元老”。而英语国家中，人们最怕被人恭维年老，在他们的意识中，“old”是“无用”的代名词，因此，无论男女老少，都喜欢别人直呼其名，以此表示亲切友好，即使父子、母女之间也不例外。

（2）问候差异

问候是一种十分普遍的语言行为，是人与人之间礼貌准则的体现。由于文化的差异，中、英语言中的礼貌准则各不相同。如中国人通过对对方的衣、食、住、行等切身利益的询问以示自己的关切；而西方人对别人的私事不大关心。

（3）答谢的差异

英语中“Thank you”的适用范围要比汉语中的“谢谢”宽广得多，它既可以用于社交场合，又可以是家常用语。而这在中国人看来，难免有些见外。甚至在拒绝别人的帮助时，也需要说“Thank you”。不仅如此，英语中的答谢语也比汉语的多。

（4）告辞的差异

中国人临告别时，主人通常说：“没招待好，请多多包涵。”客人也常说：“打扰你了，耽误了你的时间。”而英语国家文化中，客人则说：“We had a wonderful time. Goodbye!”主人也常说：“I am glad you've come.”中国主人把客人送出门时常说“慢走，您走好”或者“外面很冷，请添件衣服吧”以示关怀，而在西方国家，这种关怀可能会被客人误解为你怀疑他的生活能力。

（5）请求的差异

中国人请求别人做事的方式直接，近乎命令口气。即使带上一个“请”字，也丝毫没有选择余地。譬如，“请把门打开”“请把灯关了”。然而，英语中提出请求时，语气则相对含蓄、委婉。

另外，英语和汉语一样，人们为了回避某些不便谈及的话题或词汇，常用一些委婉词语代替，即语言的禁忌现象。例如，在讲究礼貌的场合忌讳谈大小便，因为排泄乃不洁之事，难登大雅之堂，从而就有了委婉说法，如“use the bathroom; go to the restroom/washroom; do ones needs”等。

三、语言和语言学习的环境

英语教学法研究的是英语的教与学，即语言的教与学，因此，明确什么是语言及语言的学习环境，对语言教师来说是必要的。我们知道，对语言本质的认识会直接影响到我们对英语教学原则的制定、教材内容的选择和教学方法的设计（Brown，2002：6）。

1. 跨文化视野中的语言

为了弄清楚语言的特点，了解什么是语言，语言学家、哲学家和心理学家做了大量的研究工作，他们从不同的角度对语言的本质和特点进行了描述。概括起来，跨文化视野中的语言有如下的一些特征（Brown，2002：5；桂诗春，1988）：

（1）语言是个系统，并且是个生成系统，它有着自身的结构

这种结构是多层面的，第一个层面是音位（phonemes），第二个层面是音节（syllables），第三个层面是语素（morphemes），第四个层面是词（words），第五个层面是句子（sentences）。语言这个系统储存在人们的大脑之中，并为规则所支配（rule-governed），这些规则既是复杂的，又是抽象的。人们可以凭着对语言规则的掌握形成无限的句子，并可以凭借这些规则判断某些句子是否正确（well-formed）。

（2）语言是一套具有任意性（arbitrariness）的符号

这些符号是声音符号，但也可能是视觉符号。语言符号所表示的意义是约定俗成的，语言符号和它们所指的事物没有内在的必然联系，这叫作语言的任意性。例如，某种有四条腿、食肉的哺乳动物在汉语中叫作狗，在英语中叫作 dog，在法语中叫作 chien，在德语中叫作 hund，这就是任意性的一例，因为我们无从解释为什么要这样叫。但用什么语言符号去表示意义是一种社会规约，意义的规约性往往会受到社会的不同和文化的不同的影响，因而总是具有人文性这一特点。

（3）语言是一种交际的工具

作为交际工具的语言是在社会交际需要中产生的，并在使用中得到发展，人们通过语言的运用而掌握语言，在交际中学会使用语言。

（4）语言在语言社团或语言文化中发生作用

语言和文化有着极为密切的关系，语言是文化产生与发展的基础，而文化的发展也促使语言变得更加丰富和精细。从某种意义上来讲，语言可被看成是文化的一部分。

（5）语言为人类所独有

科学家对动物交际的研究表明，虽然一些动物可以以某一种方式或通过一定的手段把有关的信息传给它们的同伴，例如，蜜蜂可以通过舞蹈来传播

有关蜜源的信息，海豚可以对不同的灯光信号发出不同的信号，猿猴也能学到某些语言符号，但是它们并没有和人类相似的交际系统，它们之间的“交际”不是人类那样的语言“交际”。语言是人类独有的，人类语言有它的神经生理基础、社会基础以及用于抽象思维的特点和用于传递指称对象特殊信息的特点。从这些方面来看，人类语言与动物“语言”是不同的。

（6）所有的人都以大致相同的方式习得语言

语言和语言学具有普遍的特征。如果我们可以把人们描述为聪明、较聪明、不那么聪明等各种类型的话，除了一些有生理或心理障碍的人，所有的人在儿童阶段都能以大致相同的方式习得语言。儿童具备学会任何一种语言的能力，只要他们能够接触到周围讲某一种语言的人，与某一种语言环境保持接触，他们到一定的时候——五六岁时，都能使用某一语言进行交际。

认识语言的本质和特征，有利于我们探讨英语教学的问题。对语言不同的看法会使我们在英语教学研究中采取不同的态度和方法。如果我们把语言看成是一种任意符号，而这种符号首先是有声的，那么我们在英语教学中就会强调口语教学，加强听、说方面的训练，我们会“听说领先”；如果我们把语言看做交际工具，我们会以能成功地进行交际作为学习语言成功的标志，也会在教学中让学生参加各种语言交际活动，使学生在语言交际中学习语言；如果我们相信语言和语言学习具有共同的特征，我们也会去寻找学习者学习语言的共同方法、共同策略，看哪一种方法、哪一种策略更有利于语言学习。在本书中，我们会更清楚地看到不同的语言观对语言教学的影响，不同的语言观会直接影响到某种具体方法和教学技能的运用，不同的教学方法都是以不同的语言观和语言学习观为基础的。

2. 教与学的关系

英语教学法研究英语的教与学，弄清学习的特征、弄清什么是教，对研究英语的教与学是必要的。明确了教授与学习的特征，我们在研究英语教学法时，才会有明确的出发点、明确的前进方向，这样我们就可以取得较好的效果。

按照布朗的提法（Brown，2002：7），学习有如下特征：①学习是习得（acquisition）或获得。②学习是信息或技能的保持。③对信息或技能的保持包含记忆储存和认识结构的作用。④学习涉及对有机体内部或外部事件积极、有意识地注意和对这些事件施加作用。⑤学习是相对持久的，但也会遗忘。⑥学习涉及某种形式的训练，或许是强化训练。⑦学习是行为的变化。

这些特征有些说明了学习的过程，有些说明了学习的结果。在学习过程中，我们会对某些事物特别注意，尽量去了解，并作出反应和行动；我们会把有关的信息想方设法记忆下来，储存在大脑之中。这样一来我们的认识结构也会随之发生变化，我们为了保持有关的知识和信息，还会进行不同形式的操练。作为学习的结果，行为的变化和知识、技能的获得都表现得很具体。

我们不能离开学习去讨论教授。可以说，教授的目的是要指导和促进学习，使学习变得容易些，为学习的顺利进行创造有利的条件和提供各种帮助，最后达到促使学习者能学习到有关知识和技能的目的（Brown，2002：7~8）。因此，教无时无刻不与学连在一起，语言学习的理论直接影响着语言教学理论的建立，也影响着教学方法的采用。从这个意义上来说，语言学习理论和语言理论一样都对教学方法产生直接的影响。

3. 母语、第二语言和外语的学习环境

英语在不同的国家里起着不同的作用。在一些国家，英语是母语或第一语言。应该指出，虽然英语在讲英语的国家里是作为母语，但是在不同地区和国家，英语的发音是不尽相同的。除此之外，还有词汇和语法上的区别。如果我们把这些有地理特点的英语称之为英语的方言，英语方言的差别就没有汉语方言之间的差别那么大（特别是口语）。

英语在一些国家或地区虽不是母语，却起着官方语言的功能，它是法律界、政府部门、学校、商界和大众媒介（电台、电视台和报纸）的主要语言。在这些国家和地区，英语起着第二语言的作用。在南非、印度、新加坡、尼日利亚等国家，英语是第二语言（English as a Second Language，ESL）。对于那些到英国、美国等讲英语的国家定居的移民来说，英语也是他们的第二语言。

在很多国家，英语既不是母语也不是第二语言，但英语也有它的用处作为外语存在（English as a Foreign Language，EFL）。在这些国家里，英语是学校课程的一部分，是高一级学校入学考试中的一个科目。在我国，英语是一门外语。英语虽然在很多国家中只以外语的地位存在，但由于国际上不少会议是以英语为主要语言来进行的，世界上不少书籍、杂志是以英语为主要文字发表的，目前，在这些国家里也有不少人在努力地学习英语。学好英语和掌握好英语有利于他们与外界沟通，从外部世界获取各方面的信息。

明确英语的地位对于英语教学来说是重要的。在我们的英语教学中，最好先教授某一种英语的发音，并以此为基础对其他方言的发音进行描述

(Cruttenden，2001)。这样能使学习者更好地掌握英语的发音，懂得英语发音的特点，在日常与英、美、澳等国人士接触时能明白对方的语言，进而成功地进行交际。再者，我们也应该懂得，英语在我国是外语，教授外语的环境与教授母语和第二语言的环境有着很大的差别。作为英语教学，除了在课堂里接触英语外，中国学生在其他场合接触英语的机会不多。从学习母语的经验中我们也知道语言环境对语言学习是很重要的，那么我们应如何为英语教学创造更好的环境，向学习者提供更多的语言输入，以使他们能更好、更快地掌握英语？这是我们研究英语教学法时要深入探讨的问题。

四、英语教学法及其相关学科

英语教学法与教育学、语言学、心理学等学科有着密切的联系，这些学科被称为它的相关学科。英语教学法在它的发展过程中，不断从相关学科中吸收自己所需要的养分，应用相关学科的研究成果来充实自己。可以说，英语教学法的发展与它的相关学科的发展是紧密相连的。

1. 英语教学法和教育学

教育学阐述教育知识、研究教育现象、探论教育问题并揭示教育规律(华南师范大学教育系教研室，1993)。英语教学属于教育范畴，教育学的原则、原理和方法对英语教学有指导作用并能在英语教学中得到应用。在研究英语教学法时，我们会应用教育学的理论去处理教学中出现的问题。教育目的、教育方针和培养目标从大的方面影响着英语教学，英语课的开设、开设的时数、开设的目的和要求无不受制于它们。

在教育学中，教育要适应社会发展和学生发展，这能帮助我们更好地理解历史上的各种教学方法是怎样因社会需要而发展起来的，同时它们也可以帮助我们根据学生年龄、心理和生理发展的特点选用适当的教学内容和教学方法。教育学中所论述的教学原则也能用来设计课堂活动，这些原则包括：科学性和思想性统一的原则、理论联系实际的原则、直观性原则、启发性原则、循序渐进原则、巩固性原则、因材施教原则等。

英语教学与其他学科一样都应处理好教师和学生之间、教与学之间的关系。在进行教育的过程中，教育学提出“教师主导，学生主体”（华南师范大学教育系教研室，1993）的思想，它为我们正确处理教师与学生之间的关系，摆正教师和学生在英语教学中的作用提出了原则和依据。我们可以把这些原则应用于英语教学实践，建立尊师爱生、民主平等的良好的师生关系，积极创造一个良好的语言环境，调动学生的学习积极性并激发他们学习的兴趣，把英语教学搞好。《现代教育学》中对课外教育活动的论述也给了英语教学有益的启示。在英语教学中，我们也应结合语言学习的特点，设计英语的课外活动以促进英语学习。

除了应用教育学的原理、原则之外，我们还可以应用教育测量的理论和方法去进行测试命题和测试结果的研究、英语教学实验的设计、数据的处理，并对英语教学工作进行评估等。可以说，在英语教学实践中，我们都在应用教育学有关的原理、原则和方法。

2. 英语教学法和语言学

语言学是研究语言系统的科学，英语教学法是研究一种语言——英语的教学的学科，两者的研究都涉及语言，因此它们之间的密切关系是不言而喻的。

在语言研究的领域里，理论语言学或普通语言学研究语言的一般原则和人类语言的特点。这些原则和特点反映了人们对语言的看法，可称为语言观。人们从各个不同角度对语言的探讨加深了人们对语言特点的认识。人们对语言不同的观点、不同的认识致使人们在不同的时期、按照不同的社会需要创立不同的英语教学法。例如，听说法、情景法是以结构主义语言理论为基础建立起来的教学方法；认知法可以说是受乔姆斯基转换生成语言理论的影响而创立的教学方法（Stem，1999）。当然，不同英语教学方法的建立除了根据不同的语言理论外，还得依赖语言学习理论，这点我们将在下文予以说明。

除了普通语言学之外，语言学的其他分支对英语教学法也有影响。描述语言学集中研究某一语言的系统、结构，它向我们提供有关英语结构和规则的描述；英语语音学描述英语语音的特点、语音现象和语音规律；英语语法学陈述英语语法规则和英语的结构；英语词汇学对英语的词汇特点作详细的描述。这些语言学的分支能为英语教学研究提供丰富的材料，在选取英语教学内容方面，我们也可以从这些学科里得到原则和依据。

作为语言学的一个新的分支，社会语言学将语言作为一种社会现象进行研究，研究语言运用中不同的功能变体、不同的文体（style）、不同的语域（register）、不同的话语范围（domain）和不同的语码使用（code）（桂诗春，1988；Stem，1999）。社会语言学唤起人们对语言得体性的注意，这一点对英语教学法也是有启示作用的：英语教学应注意培养学生使用得体语言的能力。

英语教学法不仅与教育学、语言学紧密相连，由于它研究教与学的过程和教与学的规律，它还与心理学有着密切的关系。

3. 英语教学法和心理学

心理学是研究心理现象的科学，它不但对构成认识过程的感觉、知觉、记忆、思维、想象进行研究，而且对构成个性心理的因素：需要、动机、兴趣、能力、性格等进行探讨。英语教学是教师和学生之间的教学活动，对认识过程中心理现象的理解及对学生个性心理的掌握，能帮助教师认识学习过程的特点，遵照学习英语的规律，结合学生的个性特征，寻找出能加快英语学习、帮助不同学生学习好英语的教学路子。

学习是心理学（特别是教育心理学）的一个研究得较多的问题。不同的学者从不同的角度对学习进行了不同的实验并提出了不同的学习理论。而英语学习是人们进行学习的一种活动，它同样受学习理论影响。事实上，不同的学习理论，如斯金纳的操作条件反射论、布鲁纳的认知发现学说等，都在创建不同的英语教学法过程中与不同的语言理论相结合，构成了不同的英语教学法的理论依据。

心理语言学主要研究语言的学习和使用，即个体怎样理解、生成和获得语言。心理语言学关于儿童习得语言的特点的论述，如“儿童置身于语言环境是儿童习得语言的必要条件”“语言的理解先于语言的生成”（彭聃龄，1991），为英语教学中教学原则的制定、教学方法的设计以及第二课堂（课外活动）的开展提供了原则和理论根据。在心理语言学中，语言知觉的认知模式和阅读过程模式的研究为英语聆听理解和阅读理解课堂教学应采用什么样的教法提出了理论依据。外语阅读的相互作用模式就是根据“图式理论”设计的外语阅读路子，而“图式理论”又是来源于德国的格式塔心理学派，这个例子也说明了英语教学法与心理学及其分支学科之间的紧密联系。

4. 英语教学法和哲学

英语教学法研究英语的教与学，在研究过程中，我们会碰到各种各样的现象和问题。怎样根据当时、当地的实际情况对现象和问题进行分析和探讨，需要掌握认识和分析问题的方法。从这个意义上来说，学好马克思列宁主义的哲学体系，以它的世界观和方法论来武装自己，也是研究所需要的，因为这种世界观和方法论是“最完整深刻而无片面性弊病的关于发展的学说”。

掌握好马克思主义的世界观和方法论，有助于我们在研究英语的教与学时客观、准确、全面、辩证地研究教与学的现象和问题，探讨教与学之间的关系，摸索教与学的规律。这样，我们才能按照学生的年龄实际、不同的心理特点、不同的语言背景、不同的个性，在不同的教学阶段、按照不同的教学目标来制定不同的具体要求和教学方法；我们才能从实际出发，辩证地看待各个教学法流派，认识它们的长处，同时也理解它们的不足，并能按照教学实际，灵活地使用各种教学方法；我们也才能对国外学者的研究成果作实事求是的分析，并能按照自己的实际情况，运用他们的研究成果来进行自己按中国学生实际而设计的实验。

一些哲学家对语言的研究促成了哲学中一个分支——语言哲学（philosophy of language）的产生。哲学家对语言的研究成果也作用于英语教学法。例如，哲学家格赖斯（Grice）提出了会话含意理论。在会话含意理论中，格赖斯提出了他的“合作原则”，并说明了组成此“合作原则”的四个准则，即质的准则、量的准则、相关的准则和方式的准则。格赖斯会话含意理论为我们在正确理解会话意义方面提出了原则性的意见（何自然，1988）。在英语教学中，应如何使用这些原则和准则，以达到更好地理解语言的目的，也是英语教学法要研究和探讨的问题。从这个意义上来说，哲学不但为英语教学法提供了研究的方法，还提供了对教学有启发作用的理论。

第二章
跨文化视域下英语教学基础

我国英语教学经过几十年的发展，取得了令人欣喜的成绩，也为社会输送了一大批高素质英语人才。然而，不可否认，我国当前英语教学中还存在许多问题，这些问题制约着我国英语教学的进一步发展。因此，在新的形势下，如何继续推进英语教学改革，进一步提高英语教学质量是很多教育研究者们关注的问题。只有对英语教学进行系统研究，并对当前英语教学现状有一个清晰的了解，才能有针对性地提出改革措施。因此，本章深入探讨英语教学的理论基础、现状、影响因素等问题。

第一节　英语教学的内涵

英语教学法是一门独立的学科，它有自己的研究对象和内容，有自己的研究目的和方法，有自己的理论和区别于其他学科的特点。

英语教学法的研究对象是英语教学，具体来说，就是人们是怎样学习英语的，人们又应该如何去教英语。英语教学法研究的是英语教与学的问题，因此，它涉及以下内容：语言是什么，学习英语是一个怎样的过程，学习英语有什么样的规律，教授英语应遵循什么样的原则，教学过程是怎样的、有什么特点，教授英语可使用什么样的方法和技巧，英语教学与语言环境有何关系，教与学存在着什么样的关系等。英语教学法研究英语的教与学，目的在于探讨英语教学的内部规律，从而为更好、更快、更有效地教授和学习英语提出有关的理论和方法。

英语教学法是个实验性强的学科，它的研究遵循着科学的实证研究的方法。研究可以通过实验进行。人们可以通过观察、归纳或总结有关语言教学的现象，提出假设，然后通过控制有关变量对假设进行检验，最后得出实验结论。研究还可以通过自然观察和有目的的调查来进行，对语言错误、某种教学策略或学习策略，可以通过观察和调查，把它记录下来，进行分析、归纳和总结，最后作出研究的结论。

作为一个独立的学科，英语教学法不但有自己的理论，还有区别于其他学科的特点，同时还与其他学科有着密切的联系。在不同的历史时期发展起来的教学法，如语法—翻译法、直接法、听说法、口语法和情景法等均可视为英语教学法的理论（Stem，1999：452 453；孙骊，1993：15）。与此同时，英语教学法也应用语言学、心理学、社会学和教育学等学科的理论以及与这些学科有关的其他学科的理论，如心理语言学、社会语言学等的理论来研究教与学的内容、教与学的过程、教与学的规律以及教与学的技巧和方法等问题。然而，尽管英语教学法与一些学科有着密切的联系，但是应用相关学科理论于英语教学的实践时，还需要应用语言学家或是外语教师的指导作用。

虽然英语教师进行的主要是英语教学工作，但他们要不断研究教学法，也要了解教学法和相关学科的理论问题。因此，对于英语教师来说，加强有关的理论学习，掌握英语（外语）教学法的理论是相当重要的。

一、教学和教学论的基本内涵

（一）教学

教学是一种活动。对于教师来说，教学是指导学生学习的教育活动；对于学生来说，教学是在老师的指导下的学习活动。在这个活动中，学生在教师指导下掌握知识和技能，同时发展能力，而且身心获得一定的发展，形成相关的思想品德。

教学是一个过程，是教师教的过程，也是学生学习并在学习过程中全面发展的过程。教育是人类有目的的活动、教学是学校教育最主要的教育活动。不同学科的教学虽然具有共同的教学目的，但也有各自不同的教学目标。在不同学段、学年、学期、星期，不同的教材、单元、课文、活动，教学目的表现为不同的教学目标。教学目标可以分为不同的领域或层次。

教学需要具体的内容。教学是一定知识、技能的传递，是人类生存经验的传递，这些知识、技能经验表现为具体的课程内容和教学内容。教学内容也具有不同的内容或层次。

教学具有系统性和计划性。教学是学校教育中有计划的系统的活动，通常表现在课程计划、教学计划上。即使某一次的具体教学活动可能没有明确的系统性和计划性，但总体上仍然具有系统性和计划性。当然，这种系统的计划主要是由教育行政机构、学校和教师制定的。

教学需要师生共同参与。教学是师生双方教和学的共同活动，没有教师的有计划的教，就不可能有教学活动，但更为关键的是，没有学生积极主动的学，就更没有教学活动，教学是教和学相结合或相统一的活动。所以从师生互动来说，教学应该是学生主导、教师引导的互动活动。

教学需要采用一定的教学方法，借助一定的教育技术。教学有着深厚的历史积淀，形成了大量有效的方法。现代科学技术，尤其是信息技术的发展，也为教学提供了可以借助的众多教育技术。

由此可知，教学是学生在教师引导下，在有计划的系统性的过程中，依据一定的内容，按照一定的目的，借助一定的方法和技术，主动学习和掌握知识、技能，同时全面发展的活动。

（二）教学论

对于教学活动的研究属于教学论的研究范畴。教学论（Instructional Theory，或 Didactics）是教育学的组成部分，是与课程论平行的重要内容，也是教育学多个领域共同的研究内容，比如教育哲学对教学中的交往的研究，教育心理学对学习论的研究，教育社会学对教学中的师生关系的研究，教育技术学对教学设计的研究等。

教学论以教学活动为研究对象。教学首先是一种活动，那么教学论的研究就以教学活动为对象。具体的研究内容包括教学目的、教学内容、教学目标、教学过程、教学原则、教学方法、教学模式、教学评价、教学科研等。

教学论的研究目的是发现教学活动的基本特征和规律，提高教学效益与效率。基于教学的内涵和教学论的特性可知，作为教育学的一个重要组成部分，教学论是一门研究教学活动的基本原理、一般规律、主要方法等，以提高教学效益和效率，对教学目的、教学内容、教学目标、教学过程、教学原则、教学方法、教学模式、教学评价、教学科研等进行研究的学科。

二、英语教学论的基本内涵

（一）英语教学论的内涵

一切教育教学活动的逻辑起点与最终目的应是学生的发展。英语教育教学活动作为学校教育活动的重要组成部分，必须以学生的发展为逻辑起点和最终目的。从教育教学活动特性分析，英语教学具有以下特性：

（1）英语教学具有基础性

教育是人的终身学习的基础阶段，应该为人的终身发展打下各方面的基础。那么，英语教育的内容知识应该是英语语言知识的基础内容，技能应该是英语语言技能的基础技能，综合素质应该是基础素质。

（2）英语教学具有未来性

教育面向学生的未来发展，这就要求英语教育的知识学习、技能获得、素质建构都应该是指向未来发展的，在英语学习中学会学习英语，必须强调英语学习策略的形成。

（3）英语教学具有全面性

教育的目的必须是为了学生的全面发展，这就要求英语教育活动必须通过英语教育促进学生的全面发展，包括英语语言素质和综合素质的全面发展。不过，英语学科主要应培养学生的英语语言素质。

以上特性所规定的英语教学活动的内涵是通过英语教育教学活动，引导学生面向未来的基础性的英语运用能力和基础性的综合素质的全面建构与发展，其目的是引导中小学生的英语运用能力和综合素质的建构与发展，而研究中小学英语教育活动的英语教学论则应该研究如何通过中小学英语教育教学达到这一目的。

由此可知，在本质意义上，英语教学论是研究中小学英语教学目的、教学内容、教学目标、教学过程、教学原则、教学方法、教学模式、教学评价、教学科研的理论与实践的基本原理、一般规律、主要方法等，以全面培养学生面向未来的基础性的英语运用能力和基础性的综合素质的学科。

（二）英语教学论的学科特性

从学科范畴看，英语教学论首先是学科教育学在外语学科的应用性学科，同时也是外语教育学在中小学阶段的阶段性学科。

从学科属性看，英语教学论既是理论性学科，又是一门应用性学科，它既要揭示中小学英语教育教学的基本原理，研究中小学英语教育教学的一般规律，又要探讨中小学英语教育教学的具体方法，更要促进中小学英语教育教学的改革。

从学科特征看，英语教学论是教育学与语言学的交叉性学科，主要有教

育学（教育哲学、教育学原理、课程论、教学论、教育评价学、教育社会学、教育政策学、教育心理学与学习理论、外语教育学等）的特色，也有语言学（语言哲学、应用语言学、语言政策规划、社会语言学、心理语言学、神经语言学等）的特色。

从学科对象看，英语教学论的学科对象主要是中小学生、中小学英语教师、中小学教育管理者与研究者。从学科对象分析，英语教学论要为中小学英语教师提供中小学英语教育理论和教学实践的方法、技巧、操作工具等，为中小学英语教育教学的管理者提供中小学英语教育教学管理与评价的方法、技巧、操作工具等，并为中小学英语教育教学的研究者提供进行中小学英语教育教学研究的方法。

在学科性质上，中小学英语教学论具有双重性质，既具有英语教学论的性质，是中小学阶段的英语教学论，也具有中小学教学论的性质，是英语学科的中小学教学论。

第二节　英语教学的理论基础

英语教学学科的性质决定了它与相关学科之间的联系（吴红云，2008）。它不但与语言学科（linguistics disciplines）有联系，而且还与语言学相关学科（linguistics-related disciplines）和教育相关学科（education-related disciplines）有联系。因此，相关学科的理论会被应用到外语教育教学中（桂诗春，1988：3）。本节介绍英语教学的理论基础，它包括与英语教学有关的语言学科理论，语言学的相关学科理论以及教育相关学科理论。

一、语言本质理论

英语教学的内容是语言，如何去教授和学习英语（外语），涉及我们如何认识语言的本质和语言活动。语言学是英语教学法的一门相关学科，人们在对语言的研究中不断地认识语言的属性，对语言结构进行详尽的描述、分析和解释，对语言功能也做过多方面的研究。应该说，不论是对语言从其本身结构的研究，还是从其社会属性方面的探讨，都有助于我们更好地理解语言。对语言本质的研究能为语言教学（英语教学）在教学内容、教学材料安排、教学大纲的设计等方面提供启示。

1. 结构主义语言观

从19世纪末到20世纪中期，不论是在自然科学领域还是在人文科学领域都开展着一场结构主义革命（陈明远，1983）。不少学者如帕西（Passy）、斯威特（Sweet）、布龙菲尔德（Bloomfield）、韩礼德（Halliday）等都对语言的结构进行了分析和研究，并提出了自己的观点和理论。在这方面的研究工作中，美国和英国的结构主义语言学家取得了显著的成绩并作出了卓越的贡献。

（1）美国的结构主义语言观（American Structuralism）

美国结构主义语言学家的研究工作是从研究没有文字的美洲印第安人的口头语言开始的。他们用语言符号（如国际音标）把印第安人口语如实记录下来，然后对收集到的口语样本进行不同层面的分析，研究它们的结构和特征。其后，美国结构主义语言学家又运用他们在实践中建立起来的“描写”方法去研究英语和其他印欧系语言。他们认为语言可看作一个把意义编成语码的系统。这个系统由结构相关的成分组成，这些成分是音位、词素、单词、结构和句型。一个语言系统包括它的音位系统、词素系统和句法系统。在音位系统里，应该对音位、音位变体、音位组合的规则进行描述，也应把连贯话语（connected speech）中的语音现象如同化、省音、音的弱化、音的连续、重音和语调加以描述；在词素系统里，应该描述词素、词素变体、自由词素和黏着词素等成分和结构；在句法系统里，词的分类、短语分析、直接成分分析和句型的类型也应描述清楚（Richards & Rodgers，2001）。美国结构主义语言学家在研究中发现，操某种语言的人口语与该语言传统语法有些地方不一致。有些口语，受到传统语法的谴责并被视为错误的表达方式，他们认为这是不对的。他们认为，口语是活的语言，因此“语言是口语，不是书面语”（Language is speech，not writing）。学习语言先要学习口语，而学习口语就是要学习操该种语言的“当地人”所说的话，不是按某些语法书所说的那样，哪些该说，哪些不该说。美国结构主义语言学家在研究和分析语言的过程中还发现语言有自己的独自结构，不同的语言有其不同的音位系统、词素系统和句法系统。不同的语言在上述三个系统中的成分、结构都可能是不同的（Moulton，1961. Richards & Rodgers，2001）。因此，在语言的学习中要注意语言的差异性。

由于语言差异性的存在，美国结构主义语言学家认为，在学习外语时，母语会干扰和影响外语的学习。当外语的结构和母语的结构不同时，学

习困难和错误就会出现，学习外语主要就是要克服这种困难。他们还认为，如果母语和外语有相同的结构，学习上就不会出现困难，对于相同的结构，教学中不用教授，只要让学生接触语言就可以了。因此，在英语教学中，应集中力量去解决两种语言结构上的差异问题。为了预测学习某一外语会碰到的困难和问题，可使用对比分析（contrastive analysis）去比较母语与外语在结构层面上的异同。美国语言学家拉多（R. Lado，1957）所写的《跨文化语言学》（*Linguistics across Cultures*）就是探讨对比分析的代表作。

拉多在《跨文化语言学》中举出了不少例子去解释对比分析的做法并阐述他的观点，如怎样去比较两种语言的语音体系、为什么操某一种母语（如法语）的学生在学习英语时总是带有某种特殊口音等。但人们很快就发现了对比分析的弱点和不足，发现母语的影响不是造成学习外语困难和犯错误的唯一因素。人们还发现对比分析所预测的学习错误往往没有发生，而对比分析没有预测到的学习错误却发生了。人们认为有必要对学习者的错误进行分析和研究，一些语言学家如科德（P. Corder）、理查兹（J. C. Richards）等开始进行对不同母语背景学习者在学习外语过程中的错误的研究，这促成了错误分析（error analysis）的建立。

（2）英国的结构主义语言观（British Structuralism）

对语言结构特别是句型结构的研究，英国的语言学家们做了大量的工作并取得了卓越的成效和显著的成果。英国著名的语言学家帕尔默（H. Palmer）、霍恩比（A. S. Hornby）和其他学者从20世纪20年代开始共同分析、总结主要的英语语法结构，把英语语法结构归纳成一定的句型。他们的研究成果可以从霍恩比所著的《英语句型和惯用法》一书和他主编的《高级现代英语辞典》《牛津高级现代英语辞典》等著作中看出来。霍恩比在《英语句型和惯用法》一书中把英语动词句型归纳为25种，名词句型归纳为5种，形容词句型归纳为3种。他以大量的实例说明这些句型的意义和句型与句型之间的转换性。例如："Most people considered him（to be）innocent."可转换为"Most people considered（that）he was innocent."；"The flowers cost（me）fifty pence."可转换为"The flowers are fifty pence."；"Another attempt to climb the mountain was made in the following year."可改写为"They attempted to climb the mountain in the following year."；"To deceive John is easy."可改写为"It's easy to deceive John."等。在第4版的《牛津高级现代英语辞典》里，虽然原来的25种动词句型已被32种新的句型所替代，但是霍恩比对句型分析归纳的思想还是可以看得出来。

英国语言学家对英语句型的详尽描述和解释为人们了解英语的内在结构提供了大量资料，也为外语教师在英语教学中进行英语教学特别是语法教学和句型教学尤其是句型转换（paraphrasing）提供了依据。

如果说美国结构主义语言学家在研究语言时特别注意语言之间的差异、主张使用对比分析去预测在英语学习时会出现的困难的话，那么英国结构主义语言学家在研究英语结构时特别注意的是语言结构和结构使用情景之间的关系。英国人类学家马林诺夫斯基（B. Malinowski）和语言学家弗斯（J. R. Firth）是20世纪40年代形成的结构主义伦敦学派的两位著名学者。基于自己对南海岛屿居民（south sea islanders）文化的研究，马林诺夫斯基提出南海岛屿居民的语言只能密切联系其文化才能理解的观点（Stem，1999：138）。马林诺夫斯基使用“语境”（Context of Situation）这一术语来指语言活动进行的自然环境。弗斯继承了马林诺夫斯基的观点并进一步提出语言必须在不同的语境下对各个层面进行研究的看法。弗斯从马林诺夫斯基那里接过“语境”一语并用之来指一般的语境。他还制定了描述“语境”的三个特点，即：①参与者有关特点（参与者的语言和非语言行为）；②相关目的；③语言行为的效果。在弗斯观点的基础上，另一位英国学者韩礼德提出了他对语言的看法。在韩礼德看来，语言的描述应在三个层面上进行：实体（substance）（声音的或书面的）、结构（form）和语境（context）。语言学研究对应这三个层面的是语音和音系学的研究、语法和词汇的研究以及语义的研究（Stem，1999：138-139）。

从上面的介绍我们可以看出，英国学者不仅重视对语言结构的研究，而且在研究中重视语言运用时的语境和语义。由于语言形式或结构与语言功能不存在直接对应的关系，某些英国学者（如韩礼德）深入研究语言功能并建立起功能学派。

（3）乔姆斯基的转换生成语法（Transformational Generative Grammar，TG）

20世纪50年代，以乔姆斯基（Noam Chomsky）为代表的语言学家在美国掀起了一场语言学革命。这场革命对语言学界影响之深、波及面之广都是前所未有的。一位语言学家这样写到：他的理论可能被人们所接受或拒绝，但不能被人们所忽视。乔姆斯基的理论不但影响语言学界，而且对认知心理学、计算机科学、二语习得理论都有重要的影响。

乔姆斯基的理论被称为转换生成语法。如果我们把乔姆斯基1957年出版的《句法结构》作为他的理论诞生的标志，在差不多半个世纪里他的理论经历了五个发展阶段（周流溪，1997），乔姆斯基不断修改自己的理论，使之更具解释性和符合经济的原则。

乔姆斯基认为，语言是一种行为，它像人类的其他行为一样，受规则的支配。人们利用语言规则，可以用有限的基本的语言单位去构造无限数量的、复杂的语言句子（Language makes infinite use offinite means.）。人们学习语言并不是学会某个特定的句子，而是运用规则去创造和理解新的句子，这些句子可以是我们以前没有说过或看过的。规则性和创造性是语言的两个重要特征。

乔姆斯基在转换生成语法中提出了句子的双重结构理论。他把句子结构分为表层结构和深层结构。表层结构是指句子的形式，深层结构是指句子陈述的意义。在转换生成语法中，句法规则占据核心地位，它包括短语结构规则（重写规则）、转换规则（包括移位、删略、添加）等。在乔姆斯基看来，语言生成的过程就是从深层结构到表层结构的转换过程，转换是按照转换规则来完成的。

乔姆斯基在研究语言中发现儿童学习母语有其独特的地方。虽然儿童接触到的语言结构较为简单，且他们的生活条件会有差异，智力上也存在差别，但一般到了五六岁他们都能掌握母语。根据这些发现，乔姆斯基提出了语言习得理论（刘润清，1995：208）。按乔姆斯基的理论，语言具有天赋的基础。儿童能够习得语言，而动物不能学会人类的语言，是因为儿童具有与生俱来的语言习得机制（Language Acquisition Device，LAD）。乔姆斯基称这种人类机体的天生属性为“普遍语法”（Universal Grammar，UG）。这种普遍语法是由乔姆斯基称之为原则和参数（principle sand parameters）的抽象系统组成的，普遍语法原则体现了语言的一致性，而普遍语法参数的赋值则决定了语言结构的差异性。因此，各种语言之间的差别在一定程度上可以归结为参数的不同设置。儿童说英语还是汉语，取决于他所处的语言环境和接收到的语言输入，因为某一特定语言的输入能使习得者设置使用某一语言的参数（Cook，2000：153-155；郭杰克，1997：96）。

虽然乔姆斯基提出普遍语法假设的目的主要是探讨儿童如何习得母语的，但这个理论对二语习得也有启示作用，这点我们将在下面进行讨论。

2. 功能派的语言观

不少学者认为语言是一种社会现象，交际、交流思想是语言的基本功能。

因此，研究语言不仅要重视其结构意义而且要重视其情景意义。不少学者就语言交际中的语言功能、言语行为和交际能力等方面都曾进行过论述。

（1）韩礼德对语言功能的论述

韩礼德是英国功能学派的代表人物，他从20世纪50年代开始就进行语言的社会功能方面的研究。他认为“语言学是关于言语行为或话语的描述。只有通过对语言使用的研究，语言的全部功能和构成意义的所有组成部分才能集中在一起”（Richards & Rodgers，2001：159）。他在《语言功能的探索》（*Explorations in the Functions of Language*）一书中，论述了语言功能的双重地位，即微观和宏观功能。微观功能是儿童在学习母语的初级阶段出现的，共有六种：①工具功能（the instructional function）：用语言来取物。例如：“I want...”。②规章功能（the regulatory function）：使用语言来控制他人的行为。例如：“Do as I tell you.”。③相互关系功能（the interactional function）：使用语言与他人交往。例如：“Me and you...”。④个人功能（the personal function）：使用语言来表达自己的感情意义。例如：“Here I come.”。⑤启发功能（the heuristic function）：使用语言学习和发现问题。例如：“Tell me why...”。⑥想象功能（the imaginative function）：使用语言来创造一个幻想的世界。例如：“Let's pretend...”。

到了儿童成长的后期，他们还掌握另外一种功能：信息功能，用以传递信息、表达命题。

随着儿童的语言逐渐向成人语言靠拢，这些微观功能就让位于宏观功能。宏观功能包括三大类，即思维功能（the ideational function）、人际功能（the interpersonal function）和篇章功能（the textual function）。思维功能指的是语言可以用来组织语言使用者对真实世界或幻想世界的经验；人际功能是指语言可用来表明、建立和维持社会中人的关系；篇章功能是指语言可用于创造连贯的话语或文章，这些话语和文章对语境来说是切题和恰当的。

韩礼德对语言功能的论述从另一个角度去看待语言本质，加深了语言学界对语言的理解，也为人们此后建立功能—意念教学流派（或称交际法）提供了理论依据。

一些学者从语言的社会交际功能出发，探讨语言使用者和语言使用的理论。海姆斯（D. Hymes）是此方面的一位代表人物，他针对乔姆斯基的两个概念“语言能力”（linguistic competence）和“语言运用”（linguistic performance）提出了他自己的“交际能力”（communicative competence）的概念。

(2) 海姆斯的交际能力理论

海姆斯认为，乔姆斯基的“能力”不涉及语言的使用，不系统考虑人们在社交中对语言的恰当运用。在他看来，使用本族语者对语言的使用远远超过了乔姆斯基的语言能力（linguistic competence）。他提出了自己的交际能力理论，以示与乔姆斯基理论的不同。

海姆斯认为，具有交际能力意味着人们不仅可以获得语言规则的知识，而且可以获得语言在社交中使用的规则。按照海姆斯的观点，如果一个人能获得交际能力，那他就应该知道对什么人、在什么场合和什么时间、用什么方式讲些什么话和不讲什么话。海姆斯的交际能力包括以下四个方面：

①能识辨、组织合乎语法的句子，即懂得形式上的可能性。例如，知道“I want going home.”是错误的，并能讲或写出“I want to go home.”。

②能判断语言形式的可行性。例如，知道“The mouse the cat the dog the man the woman married beatch as edatehada whitetail.”是合乎语法的，但几乎没有人会这样讲，即不可行。

③能在交际中得体地使用语言。有些话在语法上是可能的，在实施上也是可行的，但在语境上却不得体。下面的对话中 B 的回答就是一例：

A：What happened to the crops?

B：The rain destroyed the crops.（引自：桂诗春，1988）

④知道某些话语是否可以实际上说出来。有些话语形式上是可能的，也是可行的和得体的，但在现实生活中却没有人会那样说。

海姆斯交际能力的理论在语言学界和应用语言学界引起了很大的反响。它直接影响到英语教学的目标的制定。除海姆斯外，还有一些学者对交际能力进行过论述，如美国学者卡南尔和斯温纳。

(3) 卡南尔和斯温纳对交际能力的分析

卡南尔和斯温纳（M. Canale & M. Swain，1980. In：Richards & Rodgers，2001：160）在“第二语言教学和测试交际法的理论基础”一文中论述了交际能力的组成。按照他们的分析，交际能力包括以下四个方面的能力：语法能力（grammatical competence）、社会语言能力（sociolinguistic competence）、篇章能力（discourse competence）和策略能力（strategic competence）。

①卡南尔和斯温纳所说的“语法能力”就是乔姆斯基所说的“语言能力”或海姆斯所指的“形式上的可能性”，即语音、语法和词汇方面的知识。

②社会语言能力指的是在不同的社会环境中，使用不同语体和不同的言语来达到不同目的的能力。我们知道，说话人在不同的环境中总是以一定的社会身份出现的。一个英语教师在学校里上课对学生使用的语言会与他和同事谈话时使用的语言不同；回家后，与孩子谈话使用的语言会与和父母谈话时使用的语言不一样。这些不同的语言形式是由这位教师在不同场合以不同身份出现时的具体情况来决定的。这是属于在不同的社会环境中使用不同语体的问题。

③篇章能力指的是能在一定的上下文或篇章里，理解句子之间的关系和句子的意义的能力。例如，“他答应来吃饭”这句话，可以在不同的语境或上下文中有不同的意义。它可以是以言述事——用句子来叙述事实，也可以是以言做事——作出一次允诺，也可以是以言成事——使听话人感到高兴。

④策略能力指的是在交际中懂得怎样开始谈话，进行谈话，承接、转换话题和结束谈话的能力。

按照卡南尔和斯温纳的观点，由于交际能力是由上述的四种能力组成的，语言教学应当着重培养这四种基本能力。

（4）奥斯汀的言语行为理论

言语在社会交际中起着什么作用，这不是一个可以用一两句话就回答得了的问题。言语有控制他人行为的作用，有影响他人思想的作用（如在演讲时），也有表达信息和情感的功能（如可以说“What a lovely day!”以表对天气的赞赏）。英国语言哲学家奥斯汀（Austin，2002）从讨论言语的作用和功能出发，提出了他的言语行为理论（speech act theory）。他主张在研究话语的意义时不应只注意一些离开上下文而引述的陈述句，如“Snow is white.”这样的话语，而要注意话语使用时的作用。话语可以是建议的提出，邀请的发出，也可以是要求的做出和答允的表述，它的功能是多方面的。

就句子的作用而言，奥斯汀认为，不同种类的句子有不同的功能。陈述、报告、描述事物是一些句子的作用，但有另一些句子是被用来施行某种行为的。奥斯汀区分了两类话语：叙述句（constatives）和行为句（performatives）。叙述句是可以验证的，即可以是真实或错误地陈述，“Chicago is in the United States.”是叙述句。而行为句则可以施行行为或用来做事，如“Look out，the train is coming.”能作为警告使人注意火车到来。

奥斯汀用了四个著名的例子来说明行为句：

①“I do.”（用于结婚仪式过程中）

② “I name the ship Elizabeth.” （用于命名仪式中）

③ “I give and bequeath my watch to my brother.” （用于遗嘱中）

④" I bet you six pence it will rain to morrow."（用于打赌）

奥斯汀还寻找判断一句话是否是行为句的标准。他提出两种行为句的句式形式：

①以第一人称单数为主语，现在时陈述语气主动语态动词为谓语的话语，如“I promise.” “I agree...” 等。

② “I+VP” 相对应的被动形式，即第二人称做句子主语，加上现在时态、陈述语气、被动语态的谓语动词，如 “You are requested.” 等。但奥斯汀提出的句法标准不能成为判断行为句的唯一标准。语言使用时的情况有多种，如我们请求别人关门时可以说 “I （hereby） request you to close the door.” 和 “ You are （here by） requested to close the door.” 但除此以外，我们还可以说，“Will you close the door?” “Can you close the door?” “Don't you mind closing the door?” “Close the door.” 等。从这些例子可以看到，行为句是可以以多种形式出现的。

奥斯汀的研究为我们揭示了一个事实：对语言功能的判断，不能单纯以语言形式为依据。后来奥斯汀还力图研究一种新的模式来解释人们通过语言所施行的各种行为。他认为一个人在说话时，在大多数情况下，同时施行着三种行为，即以言述事（locutionary act）、以言做事（illocutionary act）和以言成事（perlocutionary act）。以言述事行为是指使用句子来叙述、报告、描写事物。“I am thirsty.” 可以意指某人身体状态——口渴；以言做事行为是指通过说话来实施一种行为和做事，“I'm thirsty.” 可有请求功能——请求别人拿水给你喝；以言成事行为是指说话带来的后果，通过说 “I'm thirsty.” 说者可能得到一瓶水喝。奥斯汀感兴趣的中心是以言做事，言语行为指的就是这样一种行为。

虽然奥斯汀提出的行为理论，有一些看法还不是很成熟，但他的理论在语言学界引起了巨大的反响，并被一些学者如美国语言学家塞尔（J. Searle）等发展。塞尔把奥斯汀的理论提升为一种解释人类语言交际的理论。他对说话人如何根据一定规则来施行自己要想、要做的事做了较多的工作，并对言语行为进行了较系统的分类。他把言语行为分为五类：受约句（commissive）、陈述句（declarative）、指令句（directive）、表情句（expressive）和表述句（representive）。其他一些学者对言语行为的功能分类也有自己的模式，显现出自己的特点（Jakobson，1960；Robinson，1972. Stem，1999：223-229）。

言语行为理论对语言学和语言教学的发展都有着重要的影响，意念大纲（notional syllabuses）的诞生与言语行为理论有着密切的关系。在语言教学和大纲设计中，言语行为经常被称为“功能”或“语言功能”。（Richards & Rodgers，2001：429）。

二、语言学习理论

英语教学不仅涉及教的问题还涉及学的问题。明了英语学习所需要的条件，了解学习过程所出现的现象和事情能加深我们对英语学习的认识，也能为构思教授方法提供依据。因此，对外语教师来说，掌握英语学习理论是必要的。在历史的长河里，学者们从心理学和其他学科的角度，探究语言学习的过程和所需要的条件以及各种影响语言学习的因素，进而提出不同的理论假设。

英语学习理论可分为两部分，一是探讨英语学习普遍性和规律性的研究；二是探讨不同类型学习者学习特殊性和规律性的研究。行为主义的学习观、心灵主义的习得理论、克拉申的二语习得学说属于第一部分的内容，不同年龄、学能学习者学习过程和情况的研究属于第二部分所要探讨的题目。

1. 行为主义（Behaviorism）

行为主义源于20世纪20年代，华生（J. B. Watson）是早期的代表人物。华生研究动物和人的心理，他主张用客观的方法研究可以直接观察到的行为。华生认为人和动物的行为有一个共同的因素，即刺激和反应。他还认为心理学只应该关心外部刺激怎样决定某种反应，而不应理会行为的内部过程。在华生看来，动物和人的一切复杂行为都是在环境的影响下由学习而获得的。他提出了行为主义心理学的公式：刺激—反应（S—R，Stimulus—Response）。

早期的行为主义没有用实验的方法系统地研究过语言和言语行为，但他们的S—R模式对结构主义语言学产生了很大的影响。结构主义大师布龙菲尔德的代表作《语言论》就是以行为主义的“刺激—反应”模式为其理论依据的。他在《语言论》一书里举了杰克让吉尔摘苹果的例子来说明“刺激—反应”的语言行为模式。杰克和吉尔在小巷里行走，吉尔感觉饿了即是一种刺激，用S表示，于是对杰克说：“饿了”（此为一种反应，用R表示）。杰克听到这句话的刺激（用S表示）后，即上树摘苹果，他的行动是对吉尔的话的反应（用 R 表示）。布龙菲尔德抛开杰克和吉尔的意识，特别重视作为声音 R—S 言语行为的研究，他认为 R—S 是物理的声波，从分析得出语言教学过程的理论，即在语言教学中教师对学生进行声音刺激，学生对声音刺激进行反应。

继华生之后，另一位美国学者斯金纳（B. F. Skinner）继承和发展了华生的行为主义学说，他在 1957 年出版的《言语行为》一书中，提出了行为主义关于言语行为系统的看法。斯金纳认为人们的言语、言语的每一部分都是由于某种刺激的存在而产生的。这里讲的"某种刺激"可能是言语的刺激，也可能是外部的刺激或是内部的刺激。例如，一个人在口渴时会讲出"I would like a glass of water."，斯金纳认为，人的言语行为像大多数其他行为一样，是一种操作性的行为，它通过各种强化手段而获得。在某一语言环境中，他人的声音、手势、表情和动作等都可以成为强化的手段。例如，教师可以通过赞扬、肯定、满意地表示使学生的某种言语行为得到强化。由于言语行为不断得到强化，学生就能逐渐养成语言习惯，学会使用与其语言社区相适应的语言形式。如果没有得到强化，语言习惯就不能形成，语言是不能学习到的。在学习时，只有反应的"重复"出现，学习才能发生。因此，"重复"在学习中是相当重要的。

因此，按照行为主义的观点，所有学习不论是言语还是非言语的都要经历一个习惯形成的过程。学习者从讲话者接收到语言输入并因正确重复和模仿得到肯定的强化，从而养成了某一种语言习惯。在这个学习模式中，外界因素或语言学习的外在环境因素是语言学习的关键。

行为主义的学习理论有其明显的局限性和不足之处，因此斯金纳的《言语行为》一书出版后，受到了学术界的激烈批评。正如乔姆斯基在《评斯金纳著〈言语行为〉》中指出的那样，行为主义把研究动物所获得的结论，毫无保留地运用到复杂的人类行为的研究中，提出粗略、肤浅的见解，它强调环境因素和外部因素是决定有机体行为的最重要因素，必然要忽视人在言语行为中的主动作用和独立作用（彭聃龄，1991）。它不能解释为什么一个四五岁的孩子就能掌握某一种结构复杂的语言。乔姆斯基由此提出了自己的心灵主义的观点。

2. 心灵主义（Innatism）

乔姆斯基是心灵主义习得理论的代表人物之一。乔姆斯基提出心灵主义的习得理论目的是要解释儿童母语的习得问题。乔姆斯基认为任何发育正常的儿童能在短短几年内获得母语使用能力，这个事实用行为主义学习理论解释不了。在母语学习过程中，儿童接触到的语言输入是有限的，而这些语言往往又是成年人用以与小孩沟通的结构较简单的所谓母语（motherese）。按理儿童是不可能根据他们听到的数量有限的句子，通过归纳、推理和抽象概括而习得母语语法和学习到母语使用的。为了解释母语习得，乔姆斯基提出了他的普遍语法假设（郭杰克，1997）。

（1）普遍语法（Universal Grammar）

乔姆斯基认为，人类有一个与生俱来植于大脑里的所谓语言习得机制（Language Acquisition Device，LAD）或普遍语法（Universal Grammar，UG）。这是一种假设，因为至今还未通过解剖的方法证实它的存在。按照乔姆斯基的理论，外部环境和语言输入只有“激活”语言习得机制的作用。语言输入进入人脑就创立了一种语言知识，这种语言知识包括“原则”“参数”和“词汇”（Cook，2000：154）。

心灵主义习得理论强调的是人脑中的内在因素，而不是习得的外部环境和语言输入。对心灵主义的习得理论，不同学者有不同的看法（龚少瑜、陈永培，1997：111-113）。对于普遍语法是否在第二语言习得过程中起作用的问题，学者们有三种不同的观点，即普遍语法直接起作用、间接起作用和不起作用（郭杰克，1997：99；Cook，2000），有兴趣的读者可以阅读有关书籍。尽管乔姆斯基的理论不论在解释母语习得还是在解释二语习得方面都还存在有争议的地方，但正如郭杰克所说的那样，“对乔姆斯基的普遍语法理论进行深入的探讨会有助于揭示语言习得的奥秘，至少从普遍语法的角度去研究语言习得会给我们一个新的视角，从而有助于我们对问题有更为全面和更为深入的思考”（郭杰克，1997：108）。

（2）克拉申的监察模式（Monitor Model）

克拉申博士（D. Krashen）是美国南加州大学语言学系的教授。在一系列他人和自己研究的基础上，他提出了旨在解释第二语言是如何习得的学习理论。他的理论常称为监察模式（Krashen，1982）。克拉申的监察模式由五个假设组成，即“习得”和“学得”假设、自然顺序假设、监察假设、输入假设和情感过滤假设。

按照“习得”和“学得”假设（Acquisition Learning Hypothesis），培养二语或外语能力有两种不同的途径，一种是“习得”，另一种是“学得”。“习得”是一种自然的方式，它是一种觉察不到的过程，像小孩习得母语一样，学习者在有意义的交际中，通过对语言的理解和语言的使用，自然获得使用语言的能力；“学得”是指有意识地学习语言规则的过程。“学得”最后能弄懂语言知识，并能把语言规则予以表述。正规学习能促使学得发生，错误的纠正能帮助弄懂规则，但“学得”不能促使习得发生。

克拉申提出自然顺序假设来说明习得语言规则是有一定的次序的。按自然顺序假设，一种语言的语法规则或结构是按一定的、可以预示的顺序习得的，在第二语言（外语）学习时有相类似情况。

克拉申提出语言输入假设来说明语言是怎样习得的。他认为，只要人们接收到足够的语言输入，而这些输入又是可以理解的（comprehensible），那么人们就可以习得语言。克拉申还认为，如果人们的语言水平为 i，他们接触到大量含有 i+1 的语言输入，那么他们的水平就会从 i 向 i+1 提高。按这个假设，人们流利说话的能力是不能从直接教授而获得的，而是靠大量听和读的练习，接触大量的语言输入后自然获得的。因此，说的练习对“习得”来讲是没有帮助的。

克拉申还提出监察假设来说明学得的作用。克拉申认为，有意识地“学得”（知识或规则）只能起到监察的作用。这种监察作用可以发生在写或说之前或之后。例如，在说话之后，发现自己的讲话出现了错误，那么会进行自我纠正。

但是“学得”的监察作用只有具备下面三种条件才能得以发挥：首先，必须要有充裕的时间；其次，必须把注意力放在语言形式的正确性方面；最后，必须懂得规则。这就意味着在正常的交际中，我们是很难发挥“学得”系统的监察作用的，其主要原因就在于我们不可能有充分的时间去考虑怎样运用规则。

克拉申提出情感过滤假设（Affective Filter Hypothesis）来说明心理或情感因素对英语学习的影响。影响英语学习的心理或情感因素包括一个人的动机（motivation）、信心（self-confidence）和忧虑程度（anxiety）。克拉申把情感因素看作可以调节的过滤器，这个过滤器可以让语言输入自由通过或阻碍输入通过，而语言输入只有通过了过滤器才能到达语言习得机制并为大脑所吸收。因此，在英语学习过程中，强烈的动机及自信心和低的忧虑状态对习得来说是较为有利的。

语言输入，为学生“习得”语言创造一个有利的环境。教师应使用一切手段来增加语言输入的可理解性，如教师可采用直观的教具（如实物、图片、电影等）来辅助教学，也可以按学生水平，使用不同的词汇和语言结构来教学。此外，教师应创造一个轻松愉快、自由自在的学习气氛，只有这样，语言输入才能更有效地为大脑所吸收。因此，不要强加压力于学生，在学生不会回答问题或还未有能力作答时，不要强迫他们作答。在学习的最初阶段，可使用“全身反应法”来教学，这样可以减少学生的忧虑，避免产生害怕犯错误的心理。与此同时，语言输入应是有趣的，学生应在教学中参与有意义的交际活动，而不是句法形式的训练，这样才能更好地调动学生学习的积极性，提高学习的效率。由于“习得”依赖可理解的输入，因此，课堂的活动应该集中在听和阅读两个方面的训练上，说的能力应让其自然产生。

对克拉申的监察模式，教学界和应用语言学界做出了各种各样的反应。在美国，不少教授第二语言的教师都接受了克拉申的观点，与此同时，也有不少学者对监察模式提出了不同的看法（McLaughlin，1987）。

对克拉申的监察模式质疑的学者中有美国以及其他国家的一些学者，如麦劳林（B. McLaughlin）、格雷格（K. Gregg）等，其中中国学者有荆增林等。下面就是这些学者的一些观点。

①“习得”和“学得”两者都没有明确的定义，因此，在某种情况下，很难判定是“习得”还是“学得”在起作用。到底“学得”能否转化为“习得”呢？这还是一个没有解决的问题。

②说学得只有监察作用是不全面的，它还可以有理解作用。如果学得只有监察作用，人们学习第二语言（外语）只靠习得，那么在第二语言学习（或英语学习）中，规则学习是否不需要？

③自然顺序假设只是在某些学者对词素研究的基础上总结出来的，根据词素的研究情况进而做出关于整个语法规则习得次序的假设，是否犯了过度概括的错误？

④由于“可理解的语言输入”没有确切的定义，因此输入假设是难以检验的。此外，“说”作为语言输出是否可以看成是学习者在学习第二语言（外语）过程中对语言提出的假设进行验证的一种做法呢？如果是这样，“说”对语言习得无作用吗？

当然这些只是学者们对克拉申的英语学习理论提出的问题的一部分。不管怎样，克拉申提出的第二语言习得理论会促进人们对英语教学进行深入的探讨，促使人们建立更完善的新理论。

3. 斯温纳的语言输出假设（Output Hypothesis）

对于克拉申提出的监察模式，斯温纳（M. Swain）等学者提出了他们不同的看法，即提出输出假设（Output hypothesis）。

（1）斯温纳的语言输出假设的内容

克拉申认为可理解的输入在第二语言习得中起着中心作用（central role），而斯温纳则认为输出在第二语言习得中有着显著的作用（a more prominentmle）。斯温纳提出她的假设的依据是她进行的“浸泡式”（immersion）教学实验（Swain，2008：45）。浸泡式教学主要原则是将第二语言作为其他学科的工具（medium），而语言获得则是理解这些学科信息及内容的“伴随产品”（by-product）。斯温纳在加拿大进行的浸泡实验表明：尽管她的学生通过几年浸泡，获得的语言输入不是有限的，但他们并没有获得如本族语者那样的语言的产生（productive）能力。她认为，造成这样的原因不是学生获得的语言输入有限，而是他们的语言输出活动不足。她认为她的学生没有足够的机会在课堂环境中使用语言。此外，他们没有在语言输出活动中受到“推动”（being pushed）。斯温纳认为语言输出活动不是如克拉申所说的那样只是体现了习得的语言，而是有着多方面的作用。

斯温纳认为语言输出有三个功能：①促进学习者对语言形式注意的功能（the noticing function）。②学习者进行检验自己提出假设的功能（the hypothesis-testing function）。③提供学习者有意识反思的功能（the metalinguistic function or consciousness reflection）。

俗话说“熟能生巧”，语言输出活动，因为能提供更多让学习者练习使用语言的机会，能增强学生使用语言的流利性，所以看起来不会有较大的争议。

斯温纳要论证的是上述三个功能。斯温纳认为，当学习者进行“产生语言”的活动时，他们可能会碰到一些语言方面的问题，这些问题会使他们注意到某一个他们不懂或只懂得部分的语言项目，这样学习者就会注意到他们所需表达的意思和他们能用语言形式来表达该意思的差距。这种对语言形式的注意能帮助他们习得某一种语言形式，因为这种对语言形式的注意会激活他们的认知活动（trigger cognitive processes），而这种认知活动有助于学习者已有知识的巩固和新知识的学习。

学习过程中学习者会经常性地提出某种假设并对假设进行检验。为对假设进行检验，学习者要做一些事情，而做事的方法之一就是以口头或笔头的形式使用语言。因此，语言输出活动是学习者为进行交际使用新语言形式和结构的尝试，是他们使用中继语来交际的过程，他们可以通过语言输出查看他们提出的结构和形式是否行得通。从这个意义上来说，语言输出活动为学习者实践自己提出的假设、检验自己的假设提供了机会。如果没有语言输出活动，学习者就不能获得验证他们提出的假设的机会。

斯温纳还认为语言输出有促使学习者有意识地反思的功能。当我们说输出有检验假设作用时，我们认为输出本身就是假设。因此，语言输出就是学习者对如何使用语言形式去表达某一意义的猜测。这里我们没有提问过教学者，他们的假设是什么，但我们从他们的语言输出去推测他们的假设。在某种情况下，学习者不但揭示了自己的假设，而且用语言对假设进行了反思。这种使用语言对语言进行的反思，能促进学习者控制和内化自己的语言。斯温纳在她的文章中还以自己做的实验来证实这一看法。

（2）斯温纳的语言输出假设对英语教学的启示

斯温纳的语言输出假设对英语教学有一定的启示。由于语言输出活动能帮助学习者提高其使用语言的流利程度，使学习者意识到自己在使用语言时存在的问题，使学习者能有更多机会来验证自己提出的假设，以语言对假设进行反思。因此，从认知的角度来看，语言输出对二语或外语习得都是必需的。在英语教学中恰当地安排语言输出活动能促进语言学习，有利于语言正确性的掌握。因此，不论在教学上还是在教材编写方面，我们都要设计多种交际性的语言输出活动，以促进学生语言产生能力的培养。

在教材编写方面，很多教材已注意到了语言输出活动的设计和安排，例如，*Senior English for China* 中就编写出各种各样交际性的语言输出活动，如角色扮演、小组讨论、就一话题发表意见等（张嫔，1999）。不但继承了前者的优良传统，而且进行了创新（刘道义，2006：29~34）。

由于意识到语言输出活动对语言学习的重要性，不少优质课的教师都设计了较多的交际性的口头或笔头的语言实践活动来进行教学，如复述、辩论、讨论等（北京师范大学外语系课题组，1999）。

王初明等的实验更向我们展示了语言输出活动“写长作文”的成效，以数据说明语言输出活动能促进学习者的英语学习，提高其水平（王初明等，2000）。应该指出的是，克拉申的语言输入假设和斯温纳的语言输出假设是从两个不同的侧面来讨论语言习得的观点，都有其合理成分。因此，我们在英语教学中都应注意到。

4. 错误分析和中介语

人们感到对比分析不能预测学习者的全部错误，因此，有必要对学习者的错误进行系统的分析和研究，以确定其原因和学习者学习上的共同难点，为教学工作和教材编写提供信息和依据。从20世纪50年代后期开始，一些学者对学习者的错误进行了较为系统的分析，这就是人们所说的“错误分析”（error analysis）。

语言学家科德（P. Corder）、理查兹（J. C. Richards）等是对学习者学习第二语言的错误进行研究和分析影响较大的学者。他们于20世纪70年代对不同母语背景的学习者在学习外语过程中的错误作了比较细致的分析和研究。他们发现，虽然有些错误来自母语的干扰或负迁移，但很多错误是因学习者在英语学习过程中对目的语的理解和消化不够全面造成的。他们认为英语学习过程是一个漫长的将目的语（target language）的规则内在化的过程。学生在这个过程中要经历不同的阶段。在学习过程中，他们会使用一种过渡性语言进行交际，这种过渡性语言虽有母语的一些特征和目标语的特征，但它既不是母语的翻译，又不是要掌握的目的语，它介于母语和目的语之间，可称为中介语（inter-language）。中介语有其系统性且是动态的，中介语随着学习者接收更多的第二语言输入，不断改变他们对第二语言的假设而发展。由于学生使用中介语，犯错误是不足为怪的。科德把错误总结为三类（Corder，1974. 桂诗春，1988：56-61）：

第一类称为形成系统前的语言错误（pre-systematic errors）。犯这种错误的原因是学习者有了某种交际意图，但又未能掌握表达这种意图的方式，因此他只好从已知的语言素材中去搜罗一些手段以仓促应对。这种错误是随意性的错误，犯错后，学习者还不能说明他为何要选取某一形式。

第二类称为系统的语言错误（systematic errors）。系统的语言错误出现在处于内化过程中的学习者。那时系统规则已基本形成，但学习者对它们的理解还不够完整。例如，学习者知道在英语中过去动作应用过去时来表示，并知道动词的过去时可由动词加“ed”构成，但由于他不知道英语有不少的不规则动词存在，所以在交际中，他会使用“goed”，“comed”等形式。

第三类称为形成系统后的语法错误（post-systematic errors）。这种错误在学习者已经形成较完整的语法体系但尚未养成习惯时出现，虽然学习者知道了英语过去时的所有形式，但由于未养成习惯，不时还会用“goed”来代替went。理查兹认为学习者所犯的错误出自三种原因（Richards，1971. 桂诗春，1988）。母语的干扰是第一种原因；学习过程中，对一些规则的过度概括（over generalization）、忽略规则的限制（ignorance of rule restriction）和应用规则不完全（incomplete application of rules）等是第二种原因；教学不当或教材使用不当是第三种原因。

很多语言学家都认为，针对不同的错误类型和错误发生的不同起因，教师应该采取不同的方式和方法去对待学生的错误。对于上面所提到的第一类错误，由于它往往是超发展阶段的，故教师应采取宽容的态度，不必逐点指出，也不用多做解释，只要指出其说法不对并再提供正确说法即可；对于第二类错误，教师应善于引导，不但应给予正确的说法，而且需加以解释，以使学生对规则有完整的理解；至于第三类错误，教师可提醒学生注意，更重要的是多提供一些语境和机会，使学生能多使用语言，在运用中掌握语言。

三、二语学习模式

除了上述的学习理论外，应用语言学家、二语习得研究专家、心理语言学家还根据各自的研究创立了二语（外语）学习模式。

1. 技能学习模式（Skill-Learning Model）

利特尔伍德讨论了几个外语/二语学习模式，其中一个是技能学习模式（Little wood，2000：73－76）。该模式认为外语使用是一种做事技能（performance skill），同其他做事技能一样，语言做事技能既有其认知的一面，也有其行为的一面。认知方面是指得体行为计划的内在化（internalisation）。就语言使用而言，计划主要指语言系统，包括语法规则、选择词汇的程序和支配语言的社会惯例。行为方面是指计划的自动化（automation）。计划的自动化能产生流利的话语。要达到自动化的目的就要通过练习把计划转变成行为，通过产生语言的活动能实现计划的自动化。

学习一种技能可以把这个技能的各组成部分分开练习。若把外语作为一种技能来学习，可以练习某一语法结构如定语从句、时态等；也可以练习使用某一种交际功能，如请求、建议等；还可以练习元、辅音，如区分“sheep”和“ship”，“food”和“foot”的元音等。这些练习可称作“技能组成部分的练习”（part-skill practice）。有时某一技能也可进行练习，这需要把技能组成部分组合在一起整体练习，如辩论某一问题或写信给朋友时就是进行整体技能的练习。

语言的使用具有层次结构，最高层次是交际目的。要达到目的，要采用

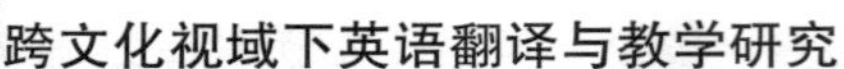

某种策略，使用某些语言结构，选用某些词汇，最后运用发音器官发出声音来表达意义。因此，使用语言需要完成一系列的任务，而这些任务又由低一级层次的任务组成，低一级的任务还可由更低一级的任务组成。为使用语言我们需要为完成任务作出相应的计划。以“劝说”某一朋友在某一时候去看电影为例，为达到“劝说”这一目的，我们要采用某种策略，策略由不同成分组成，如告诉朋友电影已上映、电影内容、值得看该电影的理由、时间选择的合适性等。策略中的某些做法可能是预先构思好的，有些则是边说边想的。为要执行策略的各个部分，要决定话题，选好句法结构，挑选好用词等。

按此技能学习模式进行英语教学，在课堂教学中可有语言结构性的活动、准交际性的活动、功能交际性活动和社会交际性活动等（参看交际法的教学活动和特点）。利特尔伍德认为大多数的英语教学都采用该模式。中国学者也有同感（王初明，1990：180）。

2. 二语学习的互动模式

朗（Long）是研究人际互动促进二语习得的第一人（王初明，2007：192-193），他提出了他的互动假设。朗认为语言互动中的调整，即意义协同（the negotiation of meaning）能促进语言输入变得更容易理解，因此，更能促进二语习得或英语学习。朗是通过观察儿童与本族语者会话互动提出他的假设的。朗的逻辑为：会话互动的调整能使语言输入变得更容易理解，而可理解的输入能促进语言习得（参看克拉申的理论），所以会话中的语言调整能促进二语习得。这里语言调整或修饰（conversational modification or adjustment）不总是语言简化，语法、词汇等简化只是手段，它可以是扩展（elaboration），放慢语速，使用手语或提供其他语境线索手段。在会话中出现的理解核实（comprehension check）、澄清请求（clarification request）、确认核实（confirmation check）、自我重复或解释（self repetition or paraphrase）都是会话调整手段的例子。

不少学者对朗的互动假设进行了研究，既有理论的探究，也有实证的探讨（王初明，2008；Mackey&Gass，2006）。经过学者们多年的努力，语言学习的交互研究逐渐发展成一个重要的研究方向，为探究二语习得做出了贡献。

对二语会话的互动作用也可以用维果茨基提出的人类心智活动过程的社会文化理论来解释。维果茨基认为包括语言在内的所有认知方面的发展都源于个体之间的社会互动。把该理论应用于二语学习，兰拖尔夫（Lantolf）和其他的研究者认为，当二语学习者与比他们水平高的操二语者（本族语或教师）互动或合作时，他们的语言水平将会提高。（Light bown & Spada，2002：44；Shrum & Glisan，2004：8-9）。

虽然上面两种对二语学习的观点都可称为互动模式，但朗等人的模式是从语言输入调整促进二语学习去论证的，而维果茨基的模式则是从学习者与比他水平高的对话者的角度去解释的。

3. 第二语言（外语）阅读过程模式

阅读是人们学习第二语言（外语）的途径之一，在学习过程中起着较大的作用。多年以来，阅读过程的研究是心理语言学家和心理学家探讨的课题。他们不少人根据自己的研究提出了不同的阅读过程理论。下面介绍的是阅读过程的三种模式，即自下而上模式、自上而下模式和相互作用模式。

（1）自下而上模式（The Bottom-Up Model）

在20世纪50年代以前，人们曾把阅读看成是一个解码（decoding）的过程（Carrel，1988：1-2）。作者用文字、符号，应用一定的语法规则把自己要表达的意思编成语码。阅读者必须把语码解译。解译的过程是这样的：阅读者从最小的单位——字母和单词（在底或下层）识别开始，逐步弄懂较大的语言单位——短语、分句、句子和语篇的意义（在顶或上层）。这就是阅读理解自下而上的模式（彭聃龄，1991：304-306）。按照这个模式，理解一个篇章依赖于对构成篇章的句子的理解，而对句子的理解也依赖于对组成句子的词、词组和语法规则的理解，而对词的理解又离不开对字母的识别。不言而喻，阅读理解的问题说到底就是语言方面的问题。

依照这个自下而上的模式去理解阅读过程，教师在教授阅读时，主要任务就是帮助学生解决语言上的障碍即弄清词的意义、短语的意义和句子的意义。但是随着人们对阅读理解过程的研究的深入和理解的加深，人们发现，在阅读时，语言问题虽然解决了，但对文章的理解并不一定能够解决，对作者的意图并不一定都能理解清楚。这个模式低估了阅读者的主动作用，没有把阅读者看成是信息的积极处理者。为解决自下而上模式没能解决的问题，哥德曼（K. S. Goodman）在20世纪60年代提出了用心理学观点来看待阅读理解过程的模式：自上而下模式。

（2）自上而下模式（The Top-Down Model）

从1957年开始哥德曼就提出了他的心理学阅读模式（Caireletal. 1988：2）。在他的模式里，哥德曼把阅读描述为“一个心理的猜测游戏”，按这个模式，阅读者不必使用全部文本中的提示（textual cues），他们在文章中挑选和选择信息来做出预测，用他们自己的经验和有关客观世界的知识去验证他们的预测。按照这个模式，阅读者在阅读过程中是主动的参与者，他们并不是逐字逐句地去理解，而是结合自己的预测，在文章中找出有关的信息，来验证自己的预测。这就是自上而下的模式。

按照这个模式，阅读不但需要语言知识，而且需要有关客观世界的背景知识。阅读中碰到的问题有可能是语言问题，也有可能是阅读技巧问题，即怎样去使用客观世界的知识去理解问题。当然，教师在阅读教学中要培养学生在文章中寻找线索进行预测和对预测进行验证的能力。一些学者（如 David E. Eskey，1988. Carreletal，1988：93－99）认为，在自上而下的模式里，由于强调了高层次的技能，即用某些背景知识或文中的提示来对意义进行预测，对较低层次的能力如快速、准确地对词汇和语法结构识别的能力有所忽视。这些学者还认为，对词汇和语法结构识别的能力对英语学习者来说是很重要的。因此，他们认为鲁姆哈特（D. Rumelhart）提出的相互作用模式，是一种能较全面地解释阅读理解过程的理论。

（3）相互作用模式（The Interactive Model）

相互作用模式是较为理想的阅读模式。相互作用模式认为，在阅读过程中，人们运用两种方式进行信息处理，一种是自下而上的方式，另一种是自上而下的方式。相互作用模式不同于自上而下的模式，因为它不把自上而下的信息处理技巧作为第一位的先决条件，即只用文章中部分的提示作出猜测来代替一字一句的解码。当然它也不同于自下而上的模式。相互作用模式认为，在阅读过程中，无论处在哪一个阶段、哪一个层次上，两种信息处理的方式总是同时进行的。自下而上的信息处理保证读者能发现新的信息、发现与自己假设不同的信息；自上而下的信息处理帮助读者消除歧义并在可能的意义中作出选择。因此，阅读的过程是读者大脑已有的知识和文章的信息相互作用的过程。文章本身不包含固定的意义，文章只向读者提供怎样利用他们大脑已有的知识来重构文章的意义的方向。这种知识的不同有可能造成对文章理解的不同。人们大脑中已存在的知识称为背景知识，这种知识的结构又称图式。所以，一个人在大脑里的图式越多、越完善，在阅读理解时被调用的可能性就越大，就越有可能保证对文章意义的理解正确。

我们可以从下面的一个例子来看出相互作用模式或图式理论模式在阅读理解过程中是怎样起作用的。例子引自鲁姆哈特（Carrel & Eisterhol，1988）：
Mary heard the icecreamman coming down the street. She remembered her birthday

money and rushed into the house...

当我们读到这些句子时，大多数读者可能会这样去理解：玛丽是个小孩，她听到卖冰激凌的小贩到来，她想买冰激凌，买冰激凌需要钱，她想起过生日时得到的钱，钱放在屋子里，所以她跑进屋子里去拿钱买冰激凌。

虽然文中没有提及这么多信息，但我们会使用我们自己的背景知识去理解。但是如果句尾加上一个分句“...and locked the door”，读者就不可能保持新的信息和原来信息的一致性，这样一来，读者就不得不修正自己的理解，从而使新的信息和原来的信息保持一致（可能玛丽怕卖冰激凌的小贩会进屋偷她的钱或有其他的理由）。这个例子能帮助我们理解相互作用模式或图式理论模式是怎样在阅读过程中起作用的。按照图式理论模式，读者的阅读能力由三种图式来决定，它们是语言图式、内容图式和形式图式。语言图式指的是读者对阅读材料的掌握程度；内容图式指的是读者对文章涉及的主题熟悉的程度；而形式图式指的是读者对文章体裁的了解程度。在这三种图式中，语言图式是内容图式和形式图式的基础。如果没有掌握相应的语言图式，读者就没有识别文章中词、短语和句子的能力，也不能利用文章提供的信息来调用相应的内容图式和形式图式，当然也就谈不上对文章的理解了。但是如果我们对文章的词、句都明白，且没有掌握相应的内容图式或者虽然具有相应的图式，却不会调用，那么也会出现对文章不理解的现象。形式图式的掌握有利于我们按不同文章的体裁和结构，去理解文章和记忆文章的内容。

相互作用模式的建立对外语阅读的教学都有积极的意义。就阅读教学而言，其目的是提高学生的阅读能力，要达到此目的，教师在教学中应培养学生对语言图式、内容图式和形式图式的掌握。首先，教师应帮助学生扩大词汇和熟悉语言结构，为学生调用内容图式和形式图式打下基础。其次，教师应注意在教学中提供外国文化背景的知识，以丰富学生头脑中的内容图式。与此同时，教师还必须培养学生调用内容图式的能力，使他们懂得怎样利用文章中的线索，把文章中的内容与大脑中的背景知识联系起来，利用文章的信息和大脑中的图式，在阅读中进行预测，提出假设和检验假设，从而正确理解文章的意义。最后，教师应结合不同文体文章的教学，分析文章的结构，系统地讲授不同文体的结构特点，以使学生掌握各种文章的特点，为有效的阅读创造条件。

（4）聆听信息处理模式

第二语言（外语）聆听和阅读对信息处理有着相同的过程，即其理解都是自下而上和自上而下两种方式对信息处理相互作用的结果（Richards，1990）。但由于聆听接收到的信号是声音，它不同于阅读接触到的文字符号，因此，我们首先要把声音切分为音节和单词，然后才能把声音信号进行进一步的信息处理。从这个意义上来说，聆听和阅读在自下而上的信息处理过程中有不一样的地方。在弄清楚阅读过程信息处理的前提下，去了解聆听过程中对信息的处理，我们特别要注意这两种接收语言输入的方式在信息处理上的不同之处，即与自下而上信息加工不同的地方。

理查兹（Richards，1990：50-51）把自下而上的聆听过程总结为以下的四个步骤：①查询语言输入，辨别熟悉的单词。②将语流切分为成分（constituents）。③使用音位线索辨别语句中的信息重点。④使用语法线索将语言输入组织为成分。

这里的四个步骤向我们展示了自下而上的聆听过程的特点。聆听者必须能把语流切分为成分，懂得使用音位线索去判别信息中心，并能使用语法线索去组织语言输入使之意义明确。根据这些自下而上的聆听过程的步骤，我们更加明确了聆听与阅读过程中信息处理的差异。我们在阅读时接触到的是文字符号，每一个字都是清晰明确的，因为字间有空隔间开，阅读时还可以反复阅读直至意义明确，而聆听到的是一串串的声音符号，且在听过一次后就要把意义弄懂。

因此，在聆听过程自下而上的信息处理中，我们必须懂得在连贯话语中的各种语音现象并使用其来切分声音和解决歧义问题。这就需要我们掌握连读、弱化、同化、停顿、节奏、重音和语调等语音的特点。对初学者来说，我们应多提供一些具有上述语音现象的材料给他们练习，培养他们使用连贯话语中语音现象在聆听理解解码的技巧。

聆听理解与阅读理解都是自下而上和自上而下对信息处理且相互作用的过程。与阅读理解一样，在聆听理解教学中我们要向学习者提供必要的背景知识，培养他们“激活”有关“图式”来理解的能力，这都是我们在教学中应注意的问题。

四、教育相关学科理论

斯特恩在《语言教学的基本概念》一书中花了较大的篇幅讨论教育理论与英语教学的关系（Stem，1999）。这可从一个侧面反映出教育理论在英语教学方面的影响和作用。在讨论的开头，斯特恩写道：“在我们已经考虑的学科中间，教育学科或许是与语言教学法联系得最密切的学科，但也可能是最不被承认和最易被忽视的学科。”（Stern，1999：419）为记住教育学科在英语教学中的作用，在英语教学中应用其理论，我们应对教育学科理论有所掌握。教育学有以下十个分支：教育哲学、教育历史、教育心理学、教育社会学、教育经济学、教育组织和管理、教育计划、比较教育、课程和教育技术（Stem，1999：419）。

我们介绍了外语教育学与心理学、社会学的相关理论，如果我们把某些章节的内容作个比较，就能对我国和外国外语教育或教学中的不同有所认识，对我国和外国的教育计划、组织以及管理有一些了解。当然，在这些领域里要进行深入研究，还需日后去努力。因此，在本节中我们重点学习教育经济学和课程的有关理论。至于教育哲学我们是不能忽视的，在课程目标中我们要对它进行探究。

1. 教育经济学

教育经济学是一个较新的教育研究领域，它从经济的角度研究教育；它关注的是教育的经济效益，这一关注点对于经济还不是很发达的发展中国家来说尤为重要（Stem，1999：427）。对外语教育或教学而言，我们要回答的问题是：在我们的教育课程中开设外语课程会从哪个方面受益。

我国的外语教育发展走过了不平坦的道路。就目前按英语课程改革的要求来开设英语课，我们是从培养人才的角度来考虑的，因为“21 世纪人的生存与发展的基本技能为母语、一门外语和计算机的操作能力”（陈琳、王蔷、程晓堂，2004：3）。同时，英语课的开设也是从获取信息和经济发展需要去考虑的，因为“据了解，国际上 85% 以上的学术论文是用英语发表或宣读的”“英语同时也是国际互联网的主要应用语言”。当然外语（英语）课程开设还可以从其他方面受益，如“外语是促进学生全面发展的重要学科之一”“学习外语或能够讲外语（一种或一种以上）的人的思维能力和思维敏捷性要超过只讲一种语言的人”“学习外语有利于良好的性格、品格、意志和交往合作精神的发展”（程晓堂、龚亚夫，2005：66；陈琳、王蔷、程晓堂，2002：4）。

从经济角度考虑教育，除了要从“宏观上把握外语开设的效益外，还要从微观上对必要的费用和效益进行评估”。在评价（assessment）时要考虑下面的一些问题：①教师培训费用。②管理人员及非专业助手的费用，如操本族语的助手，语言实验室的技工等。③教材及其他资源费用。④教学时间。

⑤班级人数。⑥教学场地等的费用。⑦教师及管理人员的薪酬。这些称为微观方面的费用的评价应与课程开展教学活动的收益评价作对比，应做到获取最大的效益。因此，很自然地，我们会在英语课程改革后提出另一个问题：英语课程应在小学开设好还是在初一较集中地(more intensively) 开设好这个问题,我们也得回答好。我国2016年在校的小学生总数约为3839万人，其中学习英语课程的学生总数约为2323万人，占在校学生总数的60. 50%。

在目前开设英语课程的小学中，一年级开设的学校占9. 54%，三年级开设的学校占87. 34%，其他年级开设的占3. 14%（教育部基础教育课程教材发展中心“指导小学英语教学”项目专家工作组，2007：3-4）。如果按2018年颁布的《全日制义务教育普通高级中学英语课程标准》的意见，小学3~6年级的英语课以每周不少于四次教学活动为标准开设，班容量一般不超过40人每班，试计算，我们要在这部分投入多少教学资源，多少教师，多少教学时间……当然如果我们的付出得到了很大的回报那还是值得的，而这应该有数据来支撑。但如果我们从初一才开始设置英语课，按每周不少于5节来开设，最后到了初中毕业时也能达到小学开设班级的水平，应如何去看待小学开设英语课程的问题，则应再加以考虑了。

小学英语课程的开设对学生兴趣、自信、语音等是否有影响，对其他课程的教学是否有影响，这些都是值得研究的。这些都是从经济角度去考虑外语开设的问题，教育经济学会为我们的外语课程开设提供不少启示。

2. 课程理论

课程理论也是一个较新的研究领域。按斯特恩的解释，课程可指教育系统或教育单位的教学计划（Stem，1998），如大学课程、英国的硕士课程等，也可指教学大纲，即syllabus。课程理论涉及三个方面：①课程哲学。②课程的主要组成部分。③课程过程（Stem，1999：435-442）。

（1）课程哲学

为什么要开设外语课程牵涉教育哲学研究的第二个领域，即教育价值问题。教育哲学研究的第一个领域为“概念分析”（Conceptual Analysis），在这里不作讨论，有兴趣的读者可参看斯特恩（Stern，1999）的著作及其他相关文献。不同的价值取向，不同的开设目的会影响课程的目标、课程内容以及教材、资料的编写和采用。因此，20世纪有影响的课程学者Tyler把课程哲学比作“选择教育目标的屏幕”，哲学观对于任何有意义的课程发展都是重要的，在进入互联网辅助课程的时代尤其如此（Wiles & Bondi，2004：57）。

学者艾斯纳（Eisner）和瓦兰斯（Vallance）区分了五种主要的课程哲学观（Stem，1999：436-437）。第一种是认知发展课程观，主张课程应以发展学生的认知能力为目的，应培养学生的探究能力，让学生学会学习，而不是只传授预先决定的内容。斯特恩认为二语（外语）的课程应采用这个课程观，当然它不是唯一的课程观而应与其他课程观一同组合。第二种是自我实现和经验课程观，主张为学生提供时下有意义的知识与能力，而不是为其提供成长后才有用的能力。这种课程观较难应用于英语学习。第三种是社会关联课程观，强调教育和课程要满足社会需要。第四种是学术理性主义的课程观，强调以经典学术传统的继承和“起码的文化”（common literacy）作为课程的核心内容。在英语教学中，这种课程观会包含对象国文化及经典文学作品的学习。

国内一些研究者（勒妍、何广铿，2007）按上述课程哲学观的框架分析了现行的英语课程标准，得出的结果与斯特恩的观点差不多，即现行的课程是以认知发展课程观为中心，同时汲取了其他一些课程观的理念组合而成的。分析还表明课程观确实对课程目标、课程内容和教材有较大的影响。

（2）课程的主要组成部分

课程一般由三部分组成，即目的和内容、教学及评价。目的和内容部分涉及学的内容，即学什么和课程计划要达到的目标。对于教育目标，不少学者做过研究，如布卢姆、安德森、刘锦年、瞿保奎等（盛群力，2008：1-4）。按斯特恩的意见，目标应把课程结果准确且完全地进行描述，以具体的行为和知识项目列出。

《全日制义务教育普通高级中学英语课程标准》和《普通高中英语课程标准（实验）》的第二部分和第三部分就是对英语课程目标和内容的描述。在第二部分“课程目标”中既有总体目标的描述也有各个级别（1~9级）目标的描述，描述准确、具体，以学生“能”做事的行为详细列出。如基础教育阶段英语课程的总体目标是“培养学生的综合语言运用能力。综合语言运用能力的形成建立在学生的语言技能、语言知识、情感态度、学习策略和文化意识等素养整体发展的基础上”。又如高中毕业生要达到7级水平，7级的总体目标描述为“有明确和持续的学习动机和自主学习意识。能就熟悉的话题交流信息，提出问题并陈述自己的意见和建议。能读懂供高中学生阅读的英文原著简写本及英语报刊。具有初步的实用写作能力，如写事务通知和邀请信等。能在教师的指导下，主动参与计划、组织和实施语言实践活动。能主动扩展和利用学习资源，从多渠道获取信息，并能利用所获得的信息进行清楚和有条理的表达。具有较强的自我评价和自我调控能力，基本形成适合自己的学习策略。理解交际中的文化差异，初步形成跨文化交际意识。”

课程的第二部分为教学（instruction），它涉及教与学的过程，目的是达到课程目标。教学内容包括教学方法、时间分配、内容的挑选与安排、内容的呈现方式、教学媒体应用等。课程中的教学部分很重要，它是课程哲学观在教学中的具体体现。它包含教学原则，同时也有教学活动实施的具体程序和步骤。为了达到课程目标，教学部分还会提供一些教学案例以展示教学过程，好让教师从实例中加深对课程哲学观、教学原则、教学方法、教学内容的呈现方式以及媒体应用等的认识。如果我们认真去学习上述两个课程标准第四部分“实施建议”中的教学建议，我们就更能理解课程中教学要描述的内容了。

课程的第三部分是评价，它是对教学能否达到其目标的评估。评估能让我们了解学生的表现，获取教学反馈，从而对教学作出调整。评价有非正式的评价，如教师用点头表示学生回答正确，也有正式的评价，如考试。评价也可分成关注过程的形成性评价和关注结果的终结性评价。就评价方法而言，可有学生自我评价、同学之间互相评估、学生家长和教师对学生评价等。如果我们阅读上述两个课程标准的第四部分的第二节，即“评价建议”，我们能对新英语课程标准的评价原则、评价形式和评价体系等有一个更清晰的了解。

课程理论的第三部分是课程过程，它包括课程的研发、课程的实施和课程变化的管理以及对课程的评估。在我国，这一部分工作由教育部或教育行政部门组织专家进行，研发的过程较长，工作较多、较细。这一部分在本书不做介绍，有兴趣的读者可以阅读相关著作，如 Wiles & Bondi（2004）等，以进行深入的探究。

第三节　英语教学的影响因素

从英语教学法的历史我们可知，在相当长的一段时间里，应用语言学家、教学工作者都想寻找一种理想的教学方法，它可以应用于所有学生、解决各种问题、适用于各种环境以达到大家期待的目的。随着人们对英语教与学认识的不断深入，特别是到 20 世纪 70 年代对第二语言习得了解得较多时，人们慢慢地意识到这种理想的教学法是难以创立的。从 20 世纪 70 年代开始，教学法的研究者们开始将研究精力和重点从对教法的研究转向对学法的研究，希望更多地了解学习的过程和规律，希望对学习者使用的方法有更深入的认识，并以此为基础改进英语教学的方法。从20世纪70年代中期开始，学者们对成功的学习者的学习特点进行了归纳和总结，对学习者的学习策略和影响学习者学习语言的因素如动机、年龄、性格等问题进行了较深入的研究。影响学习者语言学习的因素是多方面的（Ellis，1999：471）。斯克汉（P. Skehan）从四个方面去研究，即语言学能（aptitude）、动机（motivation）、学习策略（language learning strategies）与认知和有效的因素（cognitive and effective factors）。

一、语言学习策略的影响研究

随着认知学习理论的发展，人们对学习者和教师在学习中的作用的看法有了改变。人们逐渐认识到学习者是积极的信息加工者、解释者和综合者。他们能使用不同的策略去存储和提取信息，使用不同的策略去完成学习任务，达到学习目标。在这样一种形势下，教育界兴起了对学习策略的研究（陈琦、刘儒德，1997：180）。

与发展的形势相适应并结合语言教育中出现的问题，语言教育界也开始了对语言学习者策略的研究。第二语言学习策略的研究始于20世纪70年代中期，先行者为美国学者鲁斌（J. Rubin）和加拿大学者斯特恩（H. H. Stern）等人。他们的研究是从探讨成功的学习者策略开始的，因为他们发现不管教师使用什么样的教学方法都会有一部分学习者学得好。在此后的20年里，不少学者参加到语言学习者学习策略的研究中来（Oxford，1990；Malley & Chamot 1990）。研究者们不仅探讨成功语言学习者使用的策略（Rubin，1975；Stem，1975；H. D. Brown，2002：114），以及成功学习者与不成功学习者在策略使用方面的差异（文秋芳，1995；王初明，1992），而且探讨策略使用与二语学习成绩的关系（文秋芳、王海啸，1995）以及影响语言策略使用的因素等问题。学者们还就如何进行策略培训进行了较系统的研究（Cohen，2000）。下面介绍上述研究的一部分内容。

1. 成功学习者的学习策略

应用语言学家和英语教学法研究人员发现，有一部分学习者是成功的学习者，不管教师采用什么方法教学，他们都能把语言学好。研究人员使用口头访谈、填写调查表的方法获取这些学习者的学习方法，然后由学者们总结、归纳出这一部分学习者的特点。鲁斌总结出他们的七个特征：①他们是积极和准确的猜测者。②他们积极主动地与他人交际。③他们想什么就说什么。④他们注意语言结构。⑤他们经常寻找机会来进行对话，练习语言运用。⑥他们会监察自己和他人的话语。⑦他们注意意思的表达。

另一个加拿大学者斯特恩也总结出成功的语言学习者相类似的十大特征：①有个人的学习风格或积极的学习策略。②对学习任务主动去做。③在目标语意义不清楚时能予以容忍，了解讲本族语者的认知和情感状态。④知道如何对待语言问题。⑤有把所学习的新语言总结成为有序的系统的实际策略，并能在学习中修改该系统。⑥经常寻求对意义的理解。⑦留意实践。⑧留意在真实交际中使用语言。⑨自我监察语言运用情况，对语言使用时出现的问题敏感。⑩逐渐把目标语建成一个独立的参照系统并用它来思维。

鲁斌和斯特恩总结出来的成功的英语学习者都有一些共同的特点：他们是积极的语言实践者和运用者，对使用语言有着强烈的愿望；他们不但注意语言的形式，同时也重视语言形式的意义；他们能利用语言知识对自己的语言表达进行监察，发现错误会去改正；他们有自己的学习策略，不是一见到不懂的语言点（如语法、词汇等）就束手无策，而是能通过语言的线索，猜测意义去解决矛盾，创造性地学习。中国学者文秋芳对成功学习者的研究也有相类似的发现，总结出成功学习者的 14 个特征。中外学者对成功的英语学习者的研究给了我们一定的启发。我们能否在工作中发现在我们身边的成功的英语学习者并对他们的特征进行分析、研究呢？总结、归纳他们的学习特点，有利于我们鼓励更多学生朝着成功的方向迈进，把英语学得更好。当然，在我们的研究中，会出现与他人不同的结论。事实上，在教学中我们会碰到一些口头交际能力较强的学生，但他们的笔头交际能力又较差；我们也听过一些很不愿意用英语进行交际的学生，但他们的托福成绩又相当高。这些学生算不算语言的成功学习者？研究学习者时，我们会碰到较多的问题，但可以肯定，研究会帮助我们更好地理解语言学习和不同学习者的特点。

2. 学习策略的界定

不同的学者从不同的角度研究学习者的策略，对学习者策略的定义各不相同。斯特恩把它定义为：策略最好用于泛指语言学习者采用的方法的一般趋势和总体特点，而技巧用于指可视行为的特别形式（Stern，1983. Euis，1999）。威恩斯坦和梅耶把学习策略界定为“语言学习策略是学习者学习语言时的做法和想法，这些做法和想法旨在影响学习者的编码过程”（Weinstein &

Mayer，1986. Ellis，1999）。另一学者钱莫特认为“学习策 略是学生采用的技巧、方法或有目的的行动，其目的是使学习、回忆语言形式和内容更为容易”（Chamot，1987. EUis，1999）。鲁斌把学习策略看成 是“有助于学习者自我建构语言系统的策略，这些策略能直接影响学习”（Rubin，1987. Ellis，1999）。奥斯科特把语言策略定义为“学习者为了使语言学习更有成效、更加自主、更加愉快而采取的行为或行动”（Oxford，1989. Ellis，1999）。虽然不同学者对学习策略都有不同的界定，但我们还是可以看出他们之间的共同之处。策略是学习者的行动，当然行动本身包括外部活动和内部活动，使用策略是为了提高学习的效率。

3. 学习策略的分类

不同的研究人员由于研究角度不一，对学习策略也有不同的分类。下面介绍的是国外流行的两种分类法，即奥玛利和钱莫特的分类法以及奥斯科特的分类法。

（1）奥玛利和钱莫特的分类法

奥玛利和钱莫特（O'Malley & Chamot，1990）根据信息处理理论，将策略分为三大类，即元认知策略（metacognitive strategies）、认知策略（cognitive strategies）和社会/情感策略（social/affective strategies）。元认知策略使用认知过程的有关知识，采用计划、监控和评估的手段对语言学习进行控制。元认知策略是较高层面的技巧，有管理功能。奥玛利和钱莫特列出了八种元认知策略：①预先组织策略，指学习者对将要出现的活动中的原则和组织概念进行预习。②集中注意力策略，指学习者预先决定对某一学习任务给予注意，而对其他无关的项目不管的策略。③选择注意力策略，反映学习者提前对语言输入的某些部分或情景细节给予注意，这些部分和细节对记忆语言输入给予了提示。④自我管理策略，指学习者懂得安排好学习环境来促进学习的策略。⑤预先计划策略，指学习者为某些语言项目制订计划并进行排练（rehearsing），这些项目在将要出现的学习任务中是必不可少的。⑥自我监察策略，指学习者对自己话语中的语法、语音和词汇进行纠正，对语言的不得体性纠正也属此策略的范围。⑦减缓输出策略，指学习者有意识地推迟讲话，目的是想先听他人讲话，然后从中进行学习。⑧自我评价策略，指学习者以准确和完善作为标准对自己的语言学习结果进行检查。

认知策略指解决问题采取的步骤或行动，它涉及对学习材料的直接分析、转换和综合。认知策略有认知信息处理功能。奥玛利和钱莫特列出了 15 种认

知策略：①重复策略，模仿词语，包括公开练习和静默演练。②利用目标语资源策略，使用目标语对词或概念下定义或扩展。③利用身体动作策略，把新信息与身体动作联系起来。④翻译策略，使用母语来理解和表达第二语言。⑤归类策略，基于学习材料的共性把它们重排、重组或以某种标志表达。⑥记笔记策略，把口头或书面信息的要点、旨意和大意记下来。⑦演绎策略，有意识地应用规则去表达或理解第二语言。⑧重新组织策略，通过把已知成分以新形式组合，重构有意义的句子或较长的语段。⑨利用视觉形象策略，利用视觉形象来表达新信息。⑩利用声音表象策略，以声音或熟悉的声音表象来记忆词、短语或较长的语句。⑪利用关键词策略，使用母语词的音、形来记忆第二语言（外语）的新词。⑫利用上下文情景策略，联系上下文来学习单词或短语。⑬拓展策略，把新信息与记忆里的其他概念联系起来。⑭迁移策略，使用已学到的知识去解决新的语言学习任务。⑮推测策略，使用现有知识去猜测新项目的意思，预测结果和填补所缺信息。

社会/情感策略指的是学习者选取的与其他学习者和操本族语者互动的方式。奥玛利和钱莫特只列出了两种策略：

①协作策略，指与同学共同学习以获取反馈、集取信息或完成任务的策略。

②提问以达到澄清的目的策略，要求教师或其他本族语者重复、解释某些例子。

（2）奥斯科特的分类法

奥斯科特根据策略与语言材料的关系将策略分为两大类，即直接策略（direct strategies）和间接策略（indirect strategies）（Oxford，1990）。直接策略的使用与所学语言有直接的联系，而间接策略的使用起着支持和管理语言学习的作用，与所学语言没有直接关系。按奥斯科特的分类法，直接策略和间接策略又各分三小类。

如果我们比较上面两种不同的分类法，还是可以发现较多相同的地方的，例如，两种分类法都有元认知策略、认知策略和社会情感策略。此外，奥斯科特的补偿策略与奥玛利和钱莫特所提到的减缓输出策略、利用身体动作策略、翻译策略和提问以达到澄清的目的策略等其实是属于某些学者如布朗等所认为的属于交际策略的项目（Brown，2002：118），如求助策略、回避策略、创新词的策略等。尽管如此，在元认知策略和认知策略的功能方面，两种分类法看法不一。奥斯科特认为“两类策略（元认知与认知）之间没有层级关系，它们都在同一平面上动作”，而奥玛利和钱莫特则主张“元认知策略高于其他策略”（文秋芳，2000：16）。为与英语课程标准中的学习策略描述保持一致，本书所指的学习策略包含认知策略、调控策略（元认知策略）、交际策略和资源策略。

4. 研究学习策略的一种方法——问卷调查

调查学习策略的方法有多种，科恩（A. D. Cohen）在他的著作里介绍了八种调查方法，它们是访谈（oral interview）、书面问卷（written questionnaire）、观察（observation）、口头报告（verbal report）、日记（diaries）、书面对话（dialogue journals）、回忆研究（recollection studies）和电脑跟踪（computer tracking）。应该承认，每种方法都有其长处和不足的地方，笔者认为使用问卷调查不失为一种较合适的方法。这种方法能在较多要调查的人员和较分散的地区使用，且较省时、省力。此外，我们能按不同的研究目的制定不同的调查问卷以达到调查的目的。郑树棠等（1997）“关于大学英语课中学习策略的研究”就是使用问卷调查的一例。他们的调查表是按调查内容自己设计的。为对问卷调查的工具——调查问卷有一个较清楚的认识，我们可以学习一个在国内外都使用得比较多的由奥斯科特编写的问卷（参看 Oxford，2008）。这个问卷是专门为外语学生设计的，全问卷为 50 个项目，用于调查学习者六个方面的策略：①记忆策略。②认知策略。③补偿策略。④元认知策略。⑤情感策略。⑥社交策略。该调查表要求被调查者选择自己认为适合自己的选项，即某项策略：①绝不或几乎绝不对我适用。②一般对我不适用。③有些对我不适用。④一般对我适用。⑤经常或几乎经常对我适用。按项目的设计选①得 1 分，选②得 2 分，以此类推。（问卷使用莱克特量表的有关问题可参考何广铿等，2009：52-53）。我们可以很快按调查统计出反映学习多用或不多用的策略。当然，我们也能像其他的学者一样，按自己的要求和目标设计自己的调查问卷，但奥斯科特的问卷不失为我们学习的一个榜样。

5. 我国英语学习策略研究的成果

我国学者在 20 世纪 80 年代初期就开始了对英语学习者学习策略的研究并发表了专著和论文（文秋芳，1996；文秋芳、王立非，2004；Chen，S. Q. 1990；程彩玲、张荣，2008；冯茵、周榕，2007；苏远连，2010）。文秋芳 1995 年出版了专著《英语学习策略论》，不仅介绍了国外学习策略的研究情况，而且也介绍了自己研究的体系和研究成果。我国学者研究学习策略的论文主要是探讨以下四类问题：①成功的学习者与不成功的学习者在使用策略上的差异（文秋芳，1995；王初明、亓鲁霞，1992；马广惠，1997）。②策略使用情况及其与英语学习成绩之间的关系（吴一安等，1993；文秋芳、王海啸，1996；韩梅、林立，1999；冯茵、周榕，2007；郭燕，2007；秦建华、王英杰，2007）。③某一学习领域（如听力、词汇等方面）学习策略使用的探讨（蒋祖康，1994；吴霞、王蔷，1998；王初明、亓鲁霞，1992；蔡新，1998；郑树棠等，1997；冯涟漪、龚昭，2007；程彩玲、张荣，2008）。④ 略训练及效果研究（王立非，2002；王立非、文秋芳，2003；苏远连等，2010；等等）。总体来说，我国学者的研究对象范围较宽，有外语专业的本科生，有非外语专业的本科生，也有（高）中学生；研究对象的类型有成功的学习者和不成功的学习者，并多探讨听力和词汇两个领域中学习策略的运用。不少研究者都发现成功的学习者比差的学习者更会使用策略（文秋芳，1995；文秋芳、王海啸，1995；吴霞、王蔷，1998），他们的成功看来与策略使用有着密切的关系（韩梅、林立，1999）。但在一些研究中，由于被研究的对象不同和研究者研究角度的差异，研究得出的结论也有不一致的地方。在吴一安的报告中学习策略（语言形式的操练、语言功能的操练等）对综合语言水平并未起到有效的预示作用，但在文秋芳和王海啸的报告中所得出结论是：形式操练策略和功能操练策略使用越多，其得分的可能性越大。这种情况在国外的研究中也有出现。

由于人们对学习策略的研究还没有很长的历史，很多问题还有待我们去探讨和研究，很多问题还得在探讨、争辩中慢慢解决。就学习策略能否训练与教授、训练学习者使用某些学习策略后能否促进英语学习，是个有争议的问题。一些学者如奥玛利和鲁斌等对此持肯定的态度，他们认为，在训练语言技巧时应该同时教授学习策略，这样能促进学习（奥玛利等，1985. Richards，1990）。但也有学者持否定态度，他们认为，策略是否运用得当，根本上受语言能力和外语水平的制约。国外第二语言习得者策略研究过分夸大了策略的重要性。策略的使用很可能是语言能力提高的结果，而不是策略导致语言能力的提高（王初明、亓鲁霞，1992）。还有学者对外语学习策略有效性研究提出质疑，并提出了他们对研究策略有效性的建议（文秋芳、王立非，2004）。

二、年龄与英语学习

英语学习的年龄问题是人们谈论较多并较关注的问题。很多人都有一个想法：即英语学习越早越好，小学开始学外语要比初中才开始学习更好（教育部基础教育课程教材发展“指导小学英语教学”项目专家工作组，2007：9），儿童学习外语要比成人快且不用花费太多力气。到底英语学习是否越早越好？年龄与英语学习有什么关系？其实，相信儿童学习外语比成年人学得更快、更好的想法，不只在中国有，早在20世纪50~60年代的西方国家，如美国就很流行，因为人们相信语言学习有一个最佳年龄。学者也进行了不少关于年龄对第二语言学习的影响研究。很多研究都是由临界期假设引发的。

1. 临界期假设（The Critical Period Hypothesis）

临界期假设最初是针对母语习得提出来的，神经心理学家彭菲尔德（W. Penfield）是传播这个假设有影响的人物。按照临界期假设，语言习得在一定的时期内会自然和不费气力地发生。彭菲尔德和罗伯兹在1959年提出：语言习得最佳年龄是在10岁前（Penfield & Roberts，1959. Ellis，1985）。在这段时间，人的大脑具有可塑性，但从青春发育期开始，可塑性会逐渐消失。这种假设建立在神经生理研究基础上，彭菲尔德产生这个观点是因为他观察到青春期前儿童的大脑语言区受损后比成年人恢复得快。但是，这个假设并不是从幼儿学习语言快和有效率导出的。假设的提出和传播引起了不少学者的争议。有学者赞成（Lenneberg，1957. Stem，1999：362），也有学者反对（Ausubel，1954. Stem，1999：363）。能验证这个假设的自然案例有两个：一个是法国12岁的野孩子Victor，另一个是被剥夺听话机会11年的美国女孩Genie。两人由于过了关键期才学习母语，都不能像正常孩子一样习得母语（Light bown & Spada，2002：19-21）。后来，人们依据这一假设开展了第二语言学习中年龄因素和学习成就方面的研究。但一些学者认为就目前的研究情况来看，“可以相对肯定地说第二语言习得不存在所谓的关键期（临界期）”（刘振前，2003：158）。

2. 年龄对第二语言（外语）习得影响的研究

为了验证到底第二语言（外语）学习有无最佳年龄，在第二次世界大战后，美国于20世纪60年代初曾经开展过一场小学外语运动（The Introduction of Foreign Languages in the Elementary School，FLES），在小学教授法语和西班牙语。通过五年的试验，结果是：在小学多学了六年外语的学生到初中继续学习，比从初中开始学习外语的学生水平高了一学年，成绩提高了 10%（桂诗春，1992：52-53）。这个实验说明，虽然小学学习外语可能略有优势，但是还是年纪大一点的学生学习效率高一些。在 1952 年和 1959 年，联合国教科文组织还根据不少国家小学开设外语课程的情况，在德国汉堡召开了两次国际会议来研究小学教授外语的问题，但是对于"儿童学语言是否会比大一点的人学得好些、快些"这个问题没有"一个满意的答案"（桂诗春，1992：52）。

英国人伯斯塔尔（Burstallet. 1974. Stem，1999）等人为研究年龄和英语学习之间的关系，从 1954 年开始做了一个长达十年的实验，其目的是了解儿童 8 岁开始学习外语是否可行，是否比通常 11 岁开始学习外语的儿童学得更好。这一研究做得更细致，调查的儿童人数达 17 000 人，并有实验组和对比组的比较。实验结果表明：小学开设外语课程可行，并且不会影响其他科目的学习，但小学开设外语课程的优势并不明显。

美国学者克拉申等也进行了有关的研究，他们的结论是：①成年人在习得速度方面优于小孩。②年龄较大的孩子比年龄较小的孩子学习得较快（Ellis，1999：485）。除上述研究外，其他学者还就年龄影响二语习得问题做了不少研究。由于他们使用的方法不同和研究的角度有差异，他们都做出各自的结论。虽然这方面研究的结论不一致，但一些共同地方可归纳如下（Ellis，1999；491 -492）：①在学习初期成年人学习者学习要比儿童学习者快，特别是在语法方面。但他们最后可能会被儿童学习者超过，因为后者能接收到足够的语言输入，这种情况更有可能出现在自然学习环境中，而不可能出现在正式学习环境里。②只有儿童能在不正式场合学习时能习得本族语水平的发音，不同学者对习得本族语水平发音的年龄界限有不同的观点，有人认为在青春期前，有人认为在 5 岁前。③儿童学习者很有可能习得本族语水平的语法能力，年龄界限在 15 岁左右。④如果不考虑是否能达到本族语者的水平，儿童较成年人更有可能在语音和语法上达到较高的水平。⑤习得语法能力不如习得语音能力那样较大地受制于年龄。

通过不断研究和观察，埃利斯（Ellis，2010）基本上维持上述的观点，指出在英语学习方面儿童比青少年或成年人学得更好的神话是未经证实的，在很多方面青少年学习者较儿童学得更好。此外，在英语学习环境里（如在中国或日本），小学开设英语课程可以为提高英语水平提供可能性，但要实现其目标则决定于有无受过训练、素质高并采用恰当教学法（如任务型语言教学法）的教师。我国学者对是否应在小学开设外语课程也展开了讨论并提出了自己的看法（董燕萍，2003；束定芳，2004）。桂诗春（1992）认为，小学开设外语课程要按条件和实际情况开设，要讲究效率和经济效益，还要考虑教材、教法等问题，并应进行科学实验，不断摸索经验。在小学开设英语课程一段时间后，陈国华（2010）还提出对英语最好从哪一年级开始学的问题应做更深入研究的建议。事实上，我们可以利用有些小学开设了英语课程而有些还未开设的实际情况，对小学生学习外语的情况进行观察和研究，进一步探讨年龄与英语学习的关系。

三、学习动机和英语学习

人们经常把学习外语的成功与否和学习者的学习动机联系起来。有强烈动机的人，学习外语目的明确，学习积极认真，奋发向上，能克服困难，取得好的成绩。相反，学习没有动力，得过且过，碰到困难就灰心丧气的人则成绩较差。这样的看法是不足为怪的，因为很多有关学习的实验都证明，动机是学习成功的关键。为研究英语学习相关动机的特点，人们首先需要界定动机的含义，并对英语学习相关动机的组成做研究。但由于研究重点不同，角度不一，对动机的构成就有了不同的说法。

1. 学习动机的界定和分类

按布朗（H. D. Brown）的说法，动机一般被视为一种内在的动力，一种感情的作用，一种促使人们采取某一行动的欲望（Brown，2002：152）。一些心理学家把动机定义为需要或欲望（needs or drives），如探究的需要、操纵的需要、活动的需要、激励的需要、获取知识的需要和自我提升的需要（Ausubel，1968. Brown，2002：152-153）。那么什么是二语学习的动机呢？二语学习动机可以描述为构念的复合体（a complex of constructs），它是达到学好语言的目的的力量和欲望加上学习语言的正确态度的综合（Noels，2001：43）。一般来说，人们生下来就有欲望和需要，但欲望和需要的强烈与否是由环境造成的。

不同的学者从不同的角度研究英语学习中动机的作用。纳尔逊和杰科波维其（R. Nelson & L. A. Jakobovits）在他们的研究报告里举例说明了在英语学习中每一个与动机作用有关的因素。一些教学的、个人和社会文化的因素都会强化或削弱动机的作用。兰伯特和加德纳（Lambert & Gardner，1972. Brown，2002：153）对第二语言学习中动机的研究是有关动机研究广为人知的报告之一。为了确定态度和动机因素是如何影响语言学习成就的，他

们对加拿大、美国和菲律宾的学习外语的学生做了长达12年的研究。他们把学习动机分为两类：工具型动机和结合型动机（instrumental motivation and integrative motivation）。具有工具型动机的学习者学习外语，目的是想利用外语这个工具去寻找好的职业，改善自己的社会地位和资格；而具有结合型动机的学习者学习外语，主要是对目标语的社团感兴趣，学习好外语为的是更好地与目标语社团内的人们进行交际，欣赏目标语社团的文化艺术。

有学者（Graham，1984. Brown，2002：155）扩展了结合型动机的内涵，把结合型动机再分为结合型动机和同化型动机（integrative motivation and assimilative motivation）。按这些学者的观点，结合型动机指的是语言学习者为进行交际或了解目标语国家文化而学习语言的愿望，它不一定意味着与目标语团体直接接触；而同化型动机是为成为目标语社团一员而学习目标语的动机，一般需长久地与目标语文化接触。

也有学者如德西（DeciE.，1975. Brown，2002：155）把动机分为 内在动机和外在动机（intrinsic motivation and extrinsic motivation）两类。内在动机行为的目的是从语言学习本身获取某种内在的满足；而外在动机行为的目的是从外部获取回报。有学者认为结合型动机和工具型动机与内在动机和 外在动机为对应关系，即结合型动机是内在动机，工具型动机是外在动机（Chamber，1999：52. 高一虹等，2003：29）。

为了探究中国学生英语学习动机类型，高一虹等（2003）进行了覆盖面较广、代表性较好、人数较多的调查。他们总结出中国本科生七种动机类型，即内在兴趣动机、成绩动机、学习情境动机、出国动机、社会责任动机、个人发展动机和信息媒介动机。

2. 多恩耶的促进学习动机策——一种语言课堂促进学习动机的方法

从20世纪70年代开始，学者们对语言学习动机进行了研究，他们不但界定了学习动机的内涵和分类，而且探究了语言学习动机与学习结果的关系，语言学习动机与学者因素如学能、学习策略等的关系（高一虹等，2003）。有学者建议教师可使用不同的方法或策略去构建激励动机的语言教学课堂从而促进其学习（Guilloteaux，M. J. & Domyei，2008：56）。英国学者多恩耶就是鼓励语言教师使用促进学习动机策略的杰出代表。他于2001年出版了专著 Motivational Strategies in the Language Classroom，详细论述了他的观点并构建了一个有理论支撑的促进语言学习动机策略体系。

多恩耶把学习动机策略（motivational strategies）界定为促进个人为学习目

的而努力的行为（Domyei，2001：28），人们会有意识地使用某些动机因素以达到某种有计划的、能持续的、正面的效果。多恩耶的促进语言学习动机策略由四个方面的策略组成，即创造基本动机条件策略、激发起始动机策略、维持和保护动机策略以及鼓励正面追思性的自我评价策略。这四个方面的策略总共由35条具体可实施的策略组成。

在《语言课堂学习动机策略》一书中，多恩耶不但列出多条学习动机策略而且对它们以实例进行了解释和说明。她还与另一位学者在韩国做了一个研究以说明学习动机策略的作用（Guilloteaux，M. J. & Domyei，Z. 2008）。我们可否使用这些动机策略去激励我们的学生从而促进他们的学习？这是值得我们探究的问题。

3. 语言学习的动机研究

学者们对语言学习的动机研究不仅涉及对动机的界定和分类，而且也关注学习动机，特别是不同类型动机对学习效果的影响。兰伯特和加德纳以让学生填写调查表的形式来了解他们的学习情况。他们在加拿大和美国的调查结果表明，结合型的学习者学习第二语言的成绩较好，而在菲律宾的调查结果与在北美的调查结果则恰好相反。在菲律宾的学习者的工具型动机与他们的学习成就相关性最高。这个发现与其他学者（Yasmeen Lukmani，1972. Littlewood，1990：57）研究印度学习者得出的结果一样。我们可以这样解释：在菲律宾和印度的学习者把英语作为国际性的语言来学习而非以与说本族语的人们交际为目的而学习。

随着研究的不断深入，人们还意识到某些具有工具型动机的学习者在某种环境下语言学习效果会很好，某些具有结合型动机的学习者在某些环境下学习外语也会很成功。一些研究结果还表明，上述两种不同类型的动机不一定是互相排斥的，第二语言或英语学习不是仅为工具型或结合型动机所驱动。在大多数条件下，起作用的是各种动机的合力。学者还发现，动机的效果似乎与学习者的学能无关；那些既聪明又有强烈动机的学习者是最成功的学习者；学习者到底为哪一类型的动机所驱动，受学习环境的影响很大（Ellis，1985：118-119）。

学者们不但就什么样的动机导致学习成就进行探究，他们还就动机如何与学习者的其他因素如焦虑、学习策略等整体地影响学习成绩进行研究（Garden，Day & Mac Intyre，1992 ；Garden，Tremblay & Masgoret，1997；高一虹，2003）。我国学者对英语学习动机的研究虽不如国外学者早，但其研究也自有其特点，即按中国学生学习外语的需要从实证角度探究了中国学习者学习英语的动机类型（高一虹等，2003），而且跟踪了中国英语学习者在一段时间里动机发生变化的情况（周燕、高一虹等，2009）。尽管上述研究只反映了中国部分学生动机类型及变化情况，但这为我们做进一步研究打下了一个好的基础。动机在英语学习中的作用是毫无疑问的，它的作用体现在它影响英语学习的速度。但是它是怎样影响语言学习，我们了解得还不够多。我们还应进一步探究到底是动机使学习者取得成就，还是成就增强了学习者的学习动机。两者之间的关系可能是双向的，也可能是互相促进的。如果是这样，教师在教学中应注意激发学习者的动机，让他们看到自己的成就，使他们有更大的求知欲，学习得更好（Guilloteaux & Domyei，2008 中的研究就是一例）。动机和学习成就之间有很多东西我们还需要进一步研究。

四、语言学能和英语学习

语言学能指的是人们天生的语言学习能力，它不包括智力、动机、兴趣等因素（Richards，2000：247）。外语学能一般指人们在学习第二语言时表现出来的相对稳定的专门能力倾向（Carrelli，1981，2005：383）。人们普遍相信一些人比另一些人在学习外语方面更具能力。这部分学习者不但学得快而且学得好。研究表明有些学习者在学习外语方面表现出惊人的能力。一位被称为 CJ 的人就是一个突出的例子（Lorraime Obler，1989. Ughtbown & Spada，2002：53）。CJ 是一个在讲英语的社区以英语为母语的人，15 岁通过正式方式学习法语，在中学时也曾学习过德语、西班牙语和拉丁语。20 岁到德国时，他自己说听了德语很短的一段时间，就把他在中学学到的德语都“捡”回来了。后来他到过摩洛哥、西班牙和意大利，待上几周后他就学习到了那里的语言。虽然像 CJ 这样的人是很少的，但一些学者对学语言的能力感兴趣并试图设计一种测试来预测这种能力。

1. 语言学能和语言学能测试

语言学能测试（Language Aptitude Test）是研究人员为预测学习者语言学能设计的测试。现代语言学能测试（The Modem Language Aptitude Test，MLAT）是卡罗尔（J. B. Carrol）和萨庞（S. M. Sapon）设计的语言学能测试，它是一种衡量一个人第二语言或英语学习能力倾向的考试，用以确定最有可能成功的学习者。这种考试检测学习者以下四种能力（Carrol，1981. Cook，2000：101）：①语音编码能力（phonemic coding ability），辨别新语言音位和语音模式的能力。②语法敏感性（grammatical sensitivity），识别句子中成分的不同语法功能的能力。③归纳学习能力（inductive learning ability），无须用新语言加以解释来理解意义的能力。④记忆能力（rote learning），记住新语言的单词、规则的能力。

笔者认为国内有些省份高考外语复试曾包括有学能考试的成分，如广东省高考外语复试不仅有听力部分，还有语音听辨和语言观察部分的内容，后者是考查学能的题目。

2. 语言学能研究情况

自卡罗尔和萨庞设计了现代语言学能测试后，该学能测试题曾为美国政 府筛选外语人才并显示出其较好的预测效度（温植胜，2005：383）。我国学者也曾用 MLAT 去研究我国外语院校学生的学能与成绩的关系（吴一安等，1993）。研究表明学能对语言学习成绩是一项很好的预示变量。

20 世纪七八十年代，由于语言学界和教育界对外语学能提出多方面的质疑（温植胜，2005：387 -389），外语学能的研究一度走入低谷并中断。到了 20 世纪 90 年代，由于学者们的努力，外语学能的研究又重新受到学界的重视（温植胜，2006：2）。斯克汉（Skehan，1998）使用信息加工理论对外语学能进行探讨，他把卡罗尔（Carroll）语言学能的四个要素合并为三个要素，即把语法敏感度和语言归纳学习能力合一。斯克汉的语言学能由三个因素组成：语言编码能力、语言分析能力和记忆能力（Skehan，1999：203）。

虽然我国学者参与外语学能的研究还不够多，但在 21 世纪，国内更多的学者已在外语学能研究方面表现出更大的兴趣。温植胜（2005，2006）对外语学能的研究进行再思考并提出了自己研究的想法；戴运财（2006）对语言学能对二语习得的影响进行了实证研究，探究了不同级别的中国大学生在语言学能和各自学习成绩、性别及学习策略的关系。我们相信国内学者将在外语学能研究方面获得更多的成果。

第四节 跨文化因素与英语教学的关系

随着大学英语教学改革的呼声加大，人们对大学英语教学低效费时的弊端更加关注。我国学生从小学到中学、大学，甚至到硕士、博士，将大量的时间和精力都投入了英语学习中，尤其是大学英语教学受到了空前的重视。尽管我国英语教学多年来取得了一些成就，但就目前现状来看，想跟上时代发展的需求，仍任重而道远。

一、跨文化英语教学现状

随着世界各民族之间的文化交往日趋频繁和密切，跨文化素质已经成为现代社会对人才的一般性要求、一种众望所归的理念。过去那种把语言教学的重点放在语言结构上，即字、词、句、语篇等纯语言技巧，仅对具体影响语义和语用的文化因素做出解释，而未能真正引导学生综合掌握语言运用和文化交际能力的英语教学模式显然再也无法适应新形势的需要。如何从“跨文化”的维度，探索适合高校发展文化教学策略、模式及技巧，培养高校学生的跨文化素养，促进学生跨文化交际能力的提高是当下高校英语教学与科研中的重大课题之一。

（一）加强文化教学的必要性

1. 加强文化教学是回归语言教学本质的当然之举

我国语言学家邓言昌、刘润清在《语言与文化》一文中指出“语言是文化基石——没有语言就没有文化。与此同时，语言又受文化影响，反映文化”，并进一步指出文化因素始终存在于外语学习的背后。由此可见，文化是英语教学中的应有之意，语言教学本身就是一项文化教学。加强文化教学是回归语言教学本质的当然之举。

2. 跨文化意识是正确理解和得体运用语言的保障

语言与文化密切相关、相辅相成。语言不仅仅是一套符号体系，其表现形式更受到社会文化，如宗教、习俗、价值观等的影响和制约。只有在特定的文化背景中表现其语言，才能使语言产生相关的意义。因此，跨文化意识不可或缺。加强文化教学，帮助学生在语言学习中逐步形成了解目的国家文化、对比文化和形成跨文化意识，是确保语言理解和运用准确得体的关键。

3. 加强文化教学是培养学生跨文化交际能力的基础

英语教学的最终目的是提高学生的跨文化交际能力。然而，在跨文化交际过程中，不同文化背景的人们由于世界观、价值观、行为和思维方式上的差异，往往给交际造成困难。因此，加强跨文化教学，帮助学生形成多元化视角、跨文化意识及跨文化适应能力，是跨文化交际能力的重要内容之一，也是有效提高跨文化交际能力的基础。

（二）英语教学的现状

英语教师的短缺是我们英语教学面临的一大难题。我国幅员辽阔，不同地区的教师质量和数量大不相同，这直接关系到外语政策（如双语教学）的贯彻，关系到大学英语教学质量提高的幅度，关系到采取什么样的教学法等。目前我国大学英语教师的整体质量有所提高，但在一些偏远地区数量还是严重短缺；此外，沿海地区和内陆地区、双一流大学和一般大学的教师质量和数量都呈现较大差别。

学生对于英语学习的动机不足。大多数学生学习英语的目的主要是课程要求，以及通过四级考试，取得毕业文凭，进一步说，是为了拿到求职时用人单位所需要的四级证书。同时，学生中普遍存在诸如腼腆、不敢张嘴说的问题，无法很好地把握课堂节奏，吸收课堂教学成果。学生到了大学阶段，轻视英语学习，不少同学都是在“吃老本”，而没有真正地提高。部分毕业生存在专业知识匮乏，口语能力不足，未达到英语专业教学目标要求的问题。从而造成我国英语教学中存在“高分录取，低能毕业”的现象。

在跨文化视域下，大学英语教师的专业发展主要面临着专业意识欠缺、专业知识贫乏、专业能力薄弱和专业创新不足等问题。

1. 跨文化专业意识欠缺

意识是人的头脑对客观物质世界的反应，是感觉、知觉等各种心理过程的总和。跨文化专业意识，是教师大脑对跨文化世界的自然反应，是在各种心理状态中自觉或不自觉的心理过程。因此，跨文化专业意识是决定教师是否能动地学习、借鉴和吸收跨文化的决定性因素。

当前，我国高校跨文化意识很欠缺，主要体现为：一是对传统文化的过分推崇，以致唯我独尊，难以接收外来文化；二是对传统文化的不正确认识，以致抛弃传统文化，全盘接受西方文化；三是在处理中西文化的冲突中，采取放任自流的态度。这三种情形都是跨文化意识缺失的表现，均不利于高校教师跨文化意识的确立。跨文化专业意识模糊不清、立场界限不明，势必导致教师在英语教学实践中对异文化的盲从、顺从或屈从等现象，这些都不利于我国大学英语教师长效、稳定的专业成长。

2. 跨文化专业知识贫乏

跨文化专业知识贫乏，一方面，指的是教师缺乏对外来文化的充分认知。由于大学英语教师的教学工作负担大部分较重，使不少大学英语教师没有足够的时间和精力去涉猎外来文化。与此同时，我国大多数高校也没有专门设置针对跨文化的进修学习或培训，致使英语教师在跨文化知识方面的学习机会极其贫乏。另一方面，多年来大学英语教师结构不合理，特别是我国大学英语教师实际上多数属于“本土制造，即多为国内高校毕业，接受的多为本土教师的培养。英语教师对跨文化的直观感受非常有限，跨文化知识亟待提升。如何有效地将外来文化与传统文化相结合、将跨文化与跨文化相整合，仍需要一个漫长的适应与学习过程。

3. 跨文化专业能力薄弱

我国大学英语教师的跨文化专业能力还较薄弱，主要体现为我国大学英语教师的跨文化素质单薄、跨文化综合能力不足且结构单一。英语作为跨文化的象征，需要大学英语教师具备跨文化的综合能力，包括对跨文化的理解与解读，对英语课程的把握与调整等。在这种单一的文化结构下，教师无法娴熟地、融会贯通地教授跨文化融合的英语。

据调查显示，大多数的学生认为学习英语的主要目的就是提高英语的实际应用能力。这里的英语实际应用能力包括英语文化的适应能力。但大部分大学英语教师无法准确描述出英语综合应用能力的准确概念与内涵外延。对英语应用能力和文化适应力也缺乏清晰、准确的定义，使各大学英语教师对如何提高自身的跨文化专业能力感到无所适从。

4. 跨文化专业创新不足

跨文化专业创新不足，最主要体现在英语教师跨文化专业创新意识淡薄、创新途径欠缺。创新意识淡薄主要表现为大学英语教师普遍存在“拿来主义”思想，喜欢照搬、照抄和照跟他人的文化，缺乏主动的创新精神。此外，在我国中庸传统思想的影响下，不少英语教师在面对跨文化时采取“不自觉抵制”的做法，没有主动地将内在文化素质与外来文化信息进行有效整合，无法形成新的理解与创新文化。创新途径欠缺与学校教学、科研的创新氛围不浓密切相关，也与学校缺乏创新激励机制有关。个体主动创新意识和综合创新环境的缺乏，可能导致跨文化的教学理论与实践无法深入、教学改革受阻，致使大学英语教师无法获得专业的快速提升与可持续发展。

（三）英语教师跨文化技能发展对策

1. 展望世界，培育跨文化专业意识

当今文化的多样性、差异性和跨文化交际的多元性要求大学英语教师具备跨文化意识。大学英语教师如若仅仅具备英语语言和语法知识，则可能无法敏锐地捕捉语言背后的文化、语法背后的规则、文化背后的故事。因此，大学英语教师需在文化背景中解读语言和在语言教学中融合跨文化。

大学英语教师应展望世界。在当今的国际化趋势下，英语教师需要突破传统文化意识的藩篱放眼世界、着眼全球，自觉培育跨文化专业意识；要自觉阅读优秀的英语文学作品，特别是经典作品，通过广泛阅读培育跨文化意识，提高跨文化的敏锐性和自觉性。此外，要自觉接纳、包容外来文化，做到洋为中用。新时代的大学英语教师应该是一个放眼全球、海纳百川的现代教育工作者。

2. 积极学习，丰富跨文化专业知识

随着跨文化的日益兴盛，大学英语教师在坚守本土文化的同时，需要具备跨文化专业知识。美国著名英语教学专家威斯特·布莱姆贝克（Winst Brembeck）指出："采取只知语言不懂其文化的教法，是培养流利大傻瓜的最好办法。"只有具备跨文化专业知识的人，才能提升自身英语教学的魅力和竞争力。跨文化是时代发展的必然产物，大学英语教师应通过积极学习、不断进修等方式掌握丰富的相关知识，以获得更多的话语权。教师只有用丰富的跨文化专业知识武装自己的头脑，才能更好地武装学生的头脑；只有自身具备跨文化专业知识，才可能培养出具备跨文化素质的未来工作者。因此，大学英语教师应在实际工作中积极弥补自身因文化差异所带来的文化素养缺陷，做到了解英语背后的文化、理解文化背后的英语。

跨文化教育是一场深刻变革，沉浸在跨文化环境中的教师，需要具备丰富的跨文化专业知识，"英语是文化的载体，教师要教好英语课，就需要掌握多元的文化知识"，跨文化专业知识包括英语国家和非英语国家的人文地理、时事历史、宗教文明和风土人情等。跨文化专业知识在学生和教师的人际交往关系中起着关键的作用。只有具备跨文化视野的人，才能更好地适应跨文化社会。只有掌握跨文化知识的大学英语教师，才能自然而然地将跨文化专业知识渗透在其教学实践中，使学生受到潜移默化的影响。在当今文化多元的时代，教师应是外来文化的理解者、本土文化的传授者、跨文化教育环境的创设者和跨文化教育的推行者。

3. 加强科研，提高跨文化专业能力

跨文化交际能力和对异文化的敏感意识成为当代人必备的基本技能。大学英语教师应加强科学研究，通过科研提高自身跨文化专业能力。"教而不研则浅，研而不教则空。"在教学过程中，如果不进行理论研究、不参加实践研

究，教学活动会止于肤浅层面；反之，如果仅有理论与实践研究而脱离实际教学活动，则科研缺少基础与根基。大学英语教师必须积极参与相关科研活动以提高自身跨文化专业能力。在科研中，教师通过文化的视角开展实践、反思教学，在实践中发现问题，并针对问题形成解决的方案，在反思中不断调整教学方式方法，最后应用于教学实践中。英语教师可以通过参加本校研究和教学公开课等活动，投身科研活动；学校应鼓励英语教师积极参加相关研究。跨文化的科研与实践将成为英语教师专业能力成长的新平台，促使我国大学英语教师走向国际化。

4. 大胆反思，促进跨文化专业创新

创新源于反思。我国大学英语教师要大胆反思、大胆质疑，以此促进跨文化专业创新。在跨文化专业成长过程中，教师要大胆质疑存在的各种教学问题，质疑跨文化视野下的各种文化冲突，在问题与冲突中寻找教学突破与专业创新。大学英语教师只有通过反思才可能发现自身教学的不足与存在的问题，才可能发现自身在跨文化专业领域的局限性。教师应把英语教学理解为一门应用教学，培养学生的英语综合应用能力，包括英语的听、说、读、写能力，改变传统的“聋哑”英语教学现象，提高学生英语交际与实际应用能力。高校要鼓励教师大胆质疑，培养教师通过质疑产生批判意识与创新思维的能力。英语语言知识和不同文化信息的输入，导致英语教学与师生关系产生新问题，教师应本着质疑精神，认真思考新时期出现的新问题，寻找跨文化专业创新的策略。

二、跨文化英语教学存在的问题

1. 教学模式和教学方法单一

目前，我国英语教学模式存在呆板和落伍的问题，主要体现在两个方面：

首先，我国的英语教学仍沿用着传统模式。在英语教学中，教师不但要向学生传授必要的语言知识，还应该启发和引导学生运用所学进行广泛的阅读和其他交际等实践活动。但是，在相当长的一段时间里，我国的英语教学一直都采用“书本加黑板”的教学模式。这种模式不仅忽略了教与学之间的关系，而且忽略了英语教学的根本目的（即培养学生的交际能力），导致学生出现了独立运用语言能力差、对教师依赖性强，“只会考试、不会实践”。

其次，教学手段单一落后。随着现代技术的发展，在教学中出现了很多现代化的教学手段，使学生可以在更广泛的范围内接触和学习英语。但从实际情况来看，现代教育技术在英语教学中的应用还不够。尽管一些学校使用了诸如多媒体、网络等教育手段，但实际效果并不理想。这一方面与学生数量多和现代化设备相对少两者之间产生矛盾，从而在整体上缺乏多媒体学习氛围有关；另一方面也与学校乃至英语教师本身不重视现代教育技术的运用，致使很多现代化教育设备无法发挥其训练和实践的功用有很大关系。可见，要激发学生对英语学习的兴趣，提高他们综合运用英语的能力，必须改进英语教学手段，优化学生学习环境。

2. 受应试教育的制约

应试教育是传统英语教学模式的一个基本目标。它与素质教育的根本区别在于"考试观"的不同。考试主要具备两种功能：评价功能和选拔功能。在应试教育思想的长期影响下，人们更加看重考试的选拔功能。比如，大学英语四、六级考试早已成为大学英语教学的指挥棒，通过率的高低是评价学校及教师的一个主要标准。这又使四、六级考试的应试性特点得到了强化，使得考试失去了其应有的作用，提高学生英语应用能力的目标得不到落实。事实上，语言学习应该做到：多听、多说、多读、多写，特别是多背。语法知识固然很重要，但获得"语感"更加重要，这就需要背诵。没有背诵，也就失去了语言学习的"脊梁骨"。不仅是背单词，更重要的是背诵课文。而英语四、六级考试的题型主要是选择。这就是学生将大量的时间花在了背语法、词汇，做大量模拟试题上的原因。学生更加看重答案的标准性、唯一性，不愿意诵读课文，忽视了课堂上的讨论和交流，从而在心理上很排斥交际活动，过分依赖教师的讲解，逐渐丧失了思考、质疑、创新的能力，虽然具备了较强的应试能力，但交际素质很低。

此外，传统的英语教学模式是单调乏味的，严重制约了英语教与学两方面的积极性。教师在课堂上习惯性地采用以讲授为主的、单向的、非交际的"满堂灌"教学方法，使得原本应当生动活泼的学习过程变得死气沉沉。在这种呆板、单一的教学模式中，教师机械地讲，学生被动地听，课堂教学无法活跃和互动起来，学生语言交际能力得不到提高。这样的教学过程一味简单地重复，也就失去了新奇性。对学生来说，他们原本处于被动地位，如果接受知识的过程始终单调乏味，课堂学习效率就很难提高。

3. 教材选择存在弊端

教材在很大程度上决定着课程的教学目的和教学方法，因此，对于任何一门课程而言，教材的设计和选择都非常重要，甚至决定了这一门课程教学的成功与否，英语教学也不例外。目前，我国非英语专业大学英语教材在内容选择上重文学、重政论，忽视了实用性内容。改革开放以来，社会各方面都得到了较快的发展，但是英语教学却止步不前。想设计一本好的英语教材，应该考虑以下几个因素：①具有好的教学指导思想。②内容的安排和选择符合教学目标。③体现先进的教学方法。④是由学生用书、教师用书、练习册、录音带或录像带或多媒体光盘等组成的立体化教材。⑤教材的设计合理，包括教材的篇幅、版面安排、图文比例和色彩等。⑥教材语言的素材真实、地道。

总之，作为教材的直接使用者，教师可以结合以上因素为教材的设计提出建议，开发出适合我国学生的教材，从而促进我国英语教学的发展。

4. 忽视了文化教学的重要性

各国文化都是博大精深的，要学习一门语言就要掌握该语言中的各种文化，而教师和学生的精力都很有限，不可能掌握所有的文化内涵，因而就要有所取舍。对于我国学生来讲，主要有三个方面影响着交际：①语言的文化内涵。②中西文化习俗、行为规范等方面的异同。③中西文化价值观的异同。然而，我国的教师和学生通常认为，学好英语只需要学好语音、语调、语法和词汇等知识。事实上，即使掌握了这些知识，如果不了解中西文化的差异，仍然会影响交际活动的开展。

由于我国教师和学生在英语学习上更侧重应试教育，所以教师的教和学生的学都把重点放在了语言知识上，而忽视了英语文化。这就导致学生在和外国人交际时常出现各种误解和麻烦。比如，有些学生习惯用姓称呼外籍教师，常使外籍教师很不满。但是，通常在英语国家用姓做称谓只限于几种少数情况(如监狱看守对囚犯的称呼、教练对球员的称呼等)，而称呼教授一般是professor+last name，特别熟悉、关系密切时，可以经允许改用first name（名字）。

总之，语言是交际的工具，如果不了解各种语言所承载的文化，不了解各文化间的差异，就很难顺利地进行交际，那么语言的学习就失去了意义。文化差异的存在，常常使跨文化交际失败。因此，教师在英语教学过程中除了要强调听、说、读、写等技能的提高外，还要帮助学生了解西方文化，让学生了解中西文化的差异，从而促进跨文化交际的开展。

三、跨文化差异对英语教学的影响

文化与语言之间有着密切的联系，在进行英语学习时，了解必要的文化背景知识是提高英语能力的重要方面。但在传统的英语教学中，教师只注重教授学生语法知识，要求学生有一定的单词量积累，对于英语文化、风俗的讲解却十分有限，因此，学生在学习英语时就会遇到文化层面上的障碍，从而导致中国式英语的产生。

1. 语音差异使得学生的英语学习存在障碍

我国的母语是汉语，一个字一个音节。但是在英语中却不是这样，英语中一个词有可能是一个音节，也可能是两个、三个，甚至是多音节。此外，在发音问题上，还有一个很重要的因素是值得注意的，那就是语调。汉语中有四种语调，但是英语的发音规则里却没有语调的区分，这对学生正确的发音与交流就造成了很大的影响。英语中虽然没有语调的划分，但有重音，而汉语中却没有，这也是两种语言重要的区别之一。因而，在我国的具体英语教学实践中，教师应注意对每个学生进行音节、重音等方面的培养与训练，让学生练习正确的发音。当然，教师还可以开展一些英语活动，让学生进行口语练习，如学唱英文歌曲、朗诵诗歌等，都是很不错的练习形式。

2. 词汇差别使得理解发生分歧

中国与英语国家在说话方式、问候方式、风土人情等方面都有明显的差别。这在语言词汇的学习中就表现得很明显，如“freeze”这个词的基本含义是“冰冻”“结冰”，在一些英语教材中也只介绍了这个含义，但是在美国，“freeze”还是人人皆知的日常用语，有“站住”“不许动”的意思。又如“狗”这个词，在中国它是忠实的象征，但如果一位中国人说“你是个像狗一样活着的人”，那么就意味着“狗”是一种贬义词，是在侮辱对方的人格。又如“狼心狗肺”“狗咬吕洞宾，不识好人心”中的“狗”，即为贬义词。但是在西方国家里，人们却对狗十分喜爱，如果有人说：“You dog.”那么其意思是说“你很可爱”，并不是在骂人。而日常生活中人们也经常将那些幸运之人称为“Lucky dog”。对于这些词汇的用法，教师应对学生进行必要的训练，使得学生在具体的英语对话中能够充分了解其语意，从而更好地与西方人进行沟通。

3. 语法结构与句子构成导致出现中国式英语

如果学生不能充分理解英语句子的构成，那么其英语写作与阅读能力将难以提高。在日常的英语学习中，很多学生由于不能够掌握英语语法与句式，因而写出了很多中国式的英语，如“hours read English every day，My English level high”。这样的句子是用汉语的思维写下来的，它完全不符合英语的表达要求。虽然这只是英语语法表达方面的错误，但究其根源，其实是由中西方文化特点不同所导致的。中国学生在中国式思维下，对英语句子进行组合与书写，使得

中国式英语现象一直大量存在。因此，在具体的英语教学中，教师应对学生进行西方思维习惯的培养，使得学生在语法结构与构成方面能对英语有一个更好的认识，从而保证英语能力的提高。

四、跨文化教学策略

1. 在任务型语言教学中渗透文化教学

在课堂教学中，利用任务型教学法（Task-based Language Teaching），围绕特定的交际和语言项目，通过设计和引导学生完成具体的、可操作的任务，将英语文化学习融入语言知识与技能学习中的教学模式是进行文化教学有效方式之一。比如，在日常的英语教学中，有不少课文涉及国外的某些著名城市、旅游景点等方面的内容。但是由于学生对这些地方的地理方位及特点等知识的欠缺直接影响着学生对语言的理解，有时即使是理解了，在运用时也不恰当。因此，在任务准备阶段，教师要让学生明确本课要达到的文化目标并有目的地通过借助图片、地图、多媒体等多种辅助工具引导学生思考，给学生必要的信息输入和知识准备，使学生对异国文化，包括当地实体形式存在的文化（如建筑物、历史遗产等）和风土人情等有一个图文并茂的感受。在任务环阶段，结合学生已有的文化知识，深度挖掘旅游地理等方面的文化信息及内涵，设计以“旅游”为主题的交际活动任务，如制订旅行计划（包括目的地、交通工具、带什么行李、旅游路线等），预设在异国旅游时可能遇到的困难或者文化冲突等并设计求助或解决方式等。在本阶段，学生分小组讨论完成交际任务，教师可随意加入各小组进行讨论或提供必要的咨询和帮助。最后，在语言焦点阶段，学生陈述任务完成情况，教师结合学生的陈述对重要的文化信息和知识进行总结，引导学生有意识地吸收英语国家的文化知识，消化其文化内涵，进而增强学生的跨文化意识及跨文化交际能力。

2. 在比较中进行文化教学

比较是人们认识客观事物的一个重要方法，有比较才能更深刻地了解和掌握英语国家文化和中国文化。在英语教学中，结合中西方文化，对中西文化进行对比，可以增强学生文化学习的敏感性，提高学生对文化的鉴别与理解能力，从而达到更好地理解和使用所学语言的目的。以主题“Festival”为例，在学习了关于圣诞节、复活节、感恩节等西方传统节日的文化之后，教师可以引导学生将西方节日与中国一些传统节日进行对比，比如，西方的 Valentine’s Day 与中国的七夕节，尽管都在各自文化里被普遍视为是情人的节日，但二者在历史内涵、原初理念、庆祝方式方面既有相似之处，也有差异存在：两个节日都有着溯源上的悲情色彩，但都强调了爱情的神圣而不可阻挡。但 Valentine's Day 原初意义上更具有宗教色彩，而中国的七夕节更侧重于神话架构。再如，Christmas Day 与中国的春节，众所周知是家庭团聚的节日，但这只是两个节日的现代意义。二者作为“基督文化”和“东方文化”的习俗展现，必定在起源、价值观及意义传达方面存在着区别，而这对英语学习者来说无疑是相当值得关注的。因此，在英语文化教学中，对比式文化教学不但有助于学生加强中西文化的把握和理解，而且有利于学生正确文化观的建构，形成一种客观辩证的跨文化意识理念和思维态势。

3. 在课外实践中实施文化导学

除了在课堂教学中进行文化教学外，还需要在课外实践中对学生实施文化导学，即课外有计划地对学生进行文化学习指导。作为英语教师，我们首先要从培养学生自我学习能力的角度出发，根据教学内容所涉及的文化内容，设计及布置相应的文化学习任务，如要求学生制作餐桌文化的文化包，对某一文化主题进行专题学习和研究等，将课堂的文化板块加以延伸和深化，并让学生在自我探索中发挥其主观能动性，获得“渔文化”的重要能力；其次，在学生课外实践与学习的整个过程中，教师时刻担当起指导者、监督者及管理者的角色，为学生提供尽可能多且有效的了解英语国家文化的渠道。例如，指导学生充分利用网络、多媒体学习的平台等手段进行有效学习，有选择地向学生推荐一些介绍英美国家的社会文化背景知识的优秀书刊，通过教学互动平台、文化专场展示或值日报告等渠道对学生的学习进度进行跟踪、了解等，从而保证学生课外文化学习的效度和信度。归而言之，英语教师需要转变教学观念和教学角色，将课外文化导学纳入英语跨文化教学的整体框架中，而不是将其仅作为课堂的点缀，更不能用可控性不强为托词来回避教师课外文化导学的责任和义务。事实上，从某种程度上说，课外文化导学才是英语文化教学的主体，充分重视课外文化导学才可能促进学生在更广阔的空间汲取跨文化养分，实现文化教学的终极目标。

第三章
英语翻译的基本原理

第一节　英语翻译的基本概况

一、英语翻译教学的目标

英语翻译涉及英语教学的中学和大学阶段，为便于阐释，我们这里以大学英语教学为例。大学阶段英语翻译教学的三级目标如下。

1. 基础目标

能借助词典对题材熟悉、结构清晰、语言难度较低的文章进行英汉互译，译文基本准确，无重大的理解和语言表达错误；能有限地运用翻译技巧。

2. 提高目标

能摘译题材熟悉，以及与所学专业或未来所从事工作岗位相关、语言难度一般的文献资料；能借助词典翻译体裁较为正式、题材熟悉的文章。理解正确，译文基本达意，语言表达清晰；能运用较常用的翻译技巧。

3. 发展目标

能翻译较为正式的议论性或不同话题的口头或书面材料，能借助词典翻译有一定深度的介绍中外国情或文化的文字资料，译文内容准确，基本无错译、漏译，文字基本通顺达意，语言表达错误较少；能借助词典翻译所学专业或所从事职业的文献资料，对原文理解准确，译文语言通顺，结构清晰，基本满足专业研究和业务工作的需要；能恰当地运用翻译技巧。

二、英语翻译教学的内容

大学英语翻译教学的内容主要包括：翻译基本理论、英汉语言对比、常用的翻译技巧。

1. 翻译基本理论

翻译的基本理论知识主要涉及对翻译活动本身的认识，对翻译的过程、标准的了解；翻译对译者的要求；工具书的使用等。

2. 英汉语言对比

英汉语言的对比，既包括语言层面内容的对比，又涉及文化层面和思维层面的对比。在语言层面上，主要是对英汉语言的语义、词法、句法、文体篇章进行比较，发现它们的异同。对英汉文化、思维的比较，有利于更加准确、完整、恰当地传达原文的信息。

3. 常用的翻译技巧

翻译中的常见技巧有语序的调整、正译与反译、增补省略语、主动与被动的互换、句子语用功能再现等。

三、学生翻译学习现状

1. 学生对英语国家文化背景了解不深入

语言是文化的产物和外现，无论是从社会观还是从语言的基本符号来看，语言都带有非常明显的文化特征。语言作为特殊文化背景下的特殊载体，只有在特定文化范围内才具有其本质的意义。语言和文化相互影响、相互作用。著名翻译理论家尤金·奈达曾说过："翻译是两种文化的交流。真正成功的翻译，熟悉两种文化比掌握两种语言还重要。因为词语只能在其相应的文化背景下才能体现出其真正的意义。"所以如果学生不能很好地熟悉英语国家的文化，就无法精准地理解原语言包含的深刻内涵，甚至是习惯于用我国的思维模式来对英语进行分析和理解，这样一来，很容易导致翻译中出现常识性误译，一些错译、漏译现象也便不足为奇了。

2. 语序处理不当

英语句子通常开门见山地表达主题，然后逐步补充细节或解释说明。有时要表达的逻辑较为复杂，则会借助形态变化或丰富的连接词等手段，根据句子的意思灵活安排语序。相比之下，汉语的语序通常按一定的逻辑顺序（如由原因到结果、由事实到结论等）逐层叙述。这种差异意味着将英语句子翻译成汉语时必须对语序作出适当的调整。而很多学生意识不到这一点，译文也大多存在语序处理不当的问题，读起来十分别扭。例如：

The doctor is not available because he is handling an emergency.

原译：医生现在没空，因为他在处理急诊。

改译：医生在处理急诊，现在没空。

3. 不善增减词

由于语言、文化等方面的差异，翻译时不可能也没必要完全拘泥于英语形式，即逐字逐句地翻译原文。事实上，根据原文含义、翻译目的等方面的不同，译文可根据实际需要适当增减词。而很多学生并不明白这一点，因而其译文大多烦冗啰嗦。例如：

Most of the people who appear most of tenand most gloriously in the history book sarcgreat conquerors and generals and soldiers...

原译：在历史书中最常出现和最为显赫的人大多是那些伟大的征服者和将军及军人……

改译：历史书上最常出现、最为显赫者，大多是些伟大的征服者、将军和军人……

4. 不善处理长句

英语中不乏长而复杂的句子，这些句子大多通过各种连接手段衔接起来，表达了一个完整、连贯、明确、逻辑严密的意思。很多学生在遇到这样的句子时往往把握不好其中的逻辑关系，也不知如何处理句中的前置词、短语、定语从句等，因而译出的汉语句子多不符合汉语表达习惯。例如：

Since hearing her predicament, I've always arranged to meet people where the yor I can be reached incase of delay.

原译：听了她的尴尬经历之后，我就总是安排能够联系上的地方与人会见，以防耽搁的发生。

改译：听她说了那次尴尬的经历之后，每每与人约见，我总要安排在彼此能够互相联系得上的地方，以免误约。

四、英语教师翻译教学的现状

1. 高校部分英语教师未能达到翻译教学的专业要求

国内英语四、六级考试中，翻译题的分值比例明显很小，且与其他语法、词汇掌握的考查相比，明显比重偏小，这也导致了国内英语课程设置方面未能将翻译放到足够重视的位置。由于一直未能真正重视英语翻译，一些大学英语教师的实践能力、翻译理论素养及翻译教学水平也明显不能满足新时期英语翻译教学的需求。除此之外，国内高校近年来一直忙于扩招，使得高校学生不断增加，高校教师更多的是忙于授课，根本无暇顾及自身翻译水平能力的提升，也无暇顾及对英语教学方式的改革和优化。尤其是随着语法翻译教学被替代，以及交际教学地位的不断提升，英语课程的讲解更趋向于对学生阅读理解和听说能力的培养，更加压缩了英语翻译的教学时间。再加上课堂时间有限，教师对翻译的讲解往往仅限于课后几个可以拿来支撑场面的翻译练习题。对翻译的讲解往往只是一笔带过或是照本宣科，通常是浅尝辄止，使得英语翻译教学形成一种可有可无的尴尬局面。

2. 传统教学模式带来的束缚

传统的翻译教学往往不以学生为主体，而是以教师为学生翻译的仲裁者，学生往往将教师的参考译文作为一种神圣不可侵犯的东西，对其不敢有任何质疑和改动。这种古板的教学模式，显然束缚着学生翻译的创造力和表达的积极性。除此之外，当前外语界被广为接受的交际教学法，给英语翻译带来了新的误区：英语教学更崇尚盲目的单语化，甚至对翻译和母语持一种完全排斥和否定的态度。经常可见一些大学英语教学中，教师在课堂中采用全英语的教学，目的就是为学生创设一种英语氛围，以此来提高学生的听说能力。然而这种做法却没能将学生的实际情况很好地融入课堂中，而且在实际的英语教学中，教师的讲解也更多地局限于课本之内，不能真正给学生创设英语的交际氛围和环境，课堂中教师说出来的英语也并非全部规范，更增加了学生理解的困难。另外，由于大学英语教学以阅读理解和听力训练、培养为主，所以教师在教学过程中不能系统地对一些翻译技巧、翻译常识进行讲解。

3. 对翻译教学的重视程度不够

对翻译教学的重视程度不够主要体现在以下几个方面：①翻译教学中，教师往往不注重翻译基本理论、翻译技巧的传授，而仅仅是将翻译作为理解和巩固语言知识的手段，将翻译课上成另一种形式的语法、词汇课。②学生做完翻译练习后，教师大多只是讲解答案、对翻译材料中出现的课文关键词和句型等进行简单的强调，而缺乏对学生进行系统的翻译训练。③就时间而言，教师花在翻译教学上的时间很少，通常是有时间就讲，没有时间就不讲，或只当家庭作业布置下去，由学生自己学习。

以上这些问题最终致使翻译教学质量迟迟得不到提高。

五、翻译教学环境有待改善

从当前国内各高校所使用的英语教材来看，存在的主要问题是没有设置英语翻译技巧和方法以及翻译理论基础知识的讲解板块。当前精读教材在每个单元后也会设置几个相应的汉译英句子，但这些练习往往以巩固文中所讲的语法、词汇、句型、短句为目的。从严格意义上来讲，这种翻译练习，并不能真正满足学生翻译学习的要求。

另外，目前国内较为重视的英语四、六级考试，尤其是在1996年以前，其试题题型中完全没有涉及翻译这一检测标准，使得翻译教学直接被冷落到英语教学的最边缘地带。然而英语四、六级考试就如同我国英语教学的重要指挥棒，为改变客观题较多造成英语成绩“高分低能”的这一现象，国家从1996年1月起对英语四、六级题型进行了改革，开始增设英译汉题型。2005年6月英语四、六级考试开始了新一轮的试点，此次改革实行了710分制，同时在题型设置方面增加了汉译英题型。在2013年进行大学英语四、六级题型改革后，原单句汉译英调整为段落汉译英。翻译内容涉及中国的历史、文化、经济、社会发展等。从此次改革可以看出，翻译教学也在一步步贴近现实需求。

第二节 英语翻译的基本原则

一、结合语境教学

众所周知，语境对词语、句子的含义有着深刻的影响。翻译要想准确，首先就要理解准确；理解要想准确就必须结合语境。因为译者对原文的理解和译文的表达都是在具体的语境中进行的，词语的选择、语义的理解、篇章结构的确定都离不开语境，语境是正确翻译的基础。因此，在翻译教学中，教师务必要使学生重视语境，结合语境理解和翻译。

需要指出的是，语境不仅包括语言的宏观环境，也包括语言的微观环境。宏观语境是话题、场合、对象等，它使意义固定化、确切化。微观语境是词的含义搭配和语义组合，它使意义定位在特定的义项上。学生只有兼顾了这两种语境，才能确定话语的含义，使译文忠实于原文。

二、引入图式教学

图式是人类脑海中对外部世界知识的组织形式。人类与外部世界的一切交往都会在脑海中形成模式，这些模式就包含了相关事物、情境的系统知识。当人们遇到类似的事物时，就会激活大脑中相应的知识片段（即图式），从而轻松地理解该事物；而当人们的大脑中没有与所遇事物相关的图式时，就很难理解该事物。由此可见，图式对于理解有着重大意义，而以准确理解为基础的翻译活动，自然也受到了图式的巨大影响。

鉴于上述内容，教师应首先使学生认识到图式的重要性，并在教学中多为学生提供一些需要激活图式才能正确理解的语言材料，使学生积极运用图式，重视图式的积累。

需要指出的是，有时学生所拥有的认知图式不一定都是对事物的正确反应，因而在翻译实践中（尤其是文字表达比较含蓄的时候）经常出现图式应用错误的情况。对此，教师应帮助学生形成正确的图式并调动相关图式，从而弥补学生语言知识上的不足，为学生正确理解原文、做好翻译提供保障。

三、引导推理教学

推理是根据已知的内容或假设运用逻辑得出结论的过程，也是实现认知的一个重要方法。翻译学习中，学生总会遇到一些生词，如果个个都查词典，就会浪费大量的时间。如果学生掌握了推理技能，就能快速理解很多生词。另外，推理策略的运用有助于把握事物间的联系，促进语言的理解。因此，翻译教学中教师应培养学生推理的意识和能力。

然而，这里的推理并不是译者凭空想象作出的，而是根据文本内容、结构得出的。具体来说，学生看到文本的内容后，可以依据已有的经验以及原文的结构、逻辑连接词、上下文等作出推理，这些推理往往可以为学生提供一些额外的信息，这样学生对原文的理解也会更深刻、更全面，译文质量也会提高。但需要指出的是，无论哪一种推理技巧，都必须建立在正确识别语言结构的基础上，否则推理就变成了毫无根据的想象，脱离了原文，译文的可信度也就无从谈起了。

四、引导猜词教学

词汇是构成语篇的基本单位，学生的词汇量以及对词汇的掌握程度都会影响概念能力的形成。何少庆曾指出，“所谓概念能力是指在理解原文过程中对语言文字的零星信息升华为概念的能力，是原文材料的感知输入转化为最佳理解的全部过程”。由此可以得出这样一个结论，词汇影响概念能力的形成，而概念能力又会影响理解，理解最终影响了翻译的质量。因此，对词汇的掌握程度以及猜测生词的能力成为翻译的关键。翻译教学中，教师应为学生介绍一些常用的猜词策略。

（1）结合实例猜测词义

有时下文中列举的例子会对上文提到的某个词语进行说明、解释，这就为学生提供了猜词的线索。

（2）根据构词法猜测词义

英语词汇的构成是有规律可循的。掌握了这些规律，学生就能很快猜出部分生词的含义。因此，教师应传授学生英语构词法的知识。

（3）利用信号词猜测词义

所谓信号词就是指在上下文中起着纽带作用的词语，这些词语对于生词的猜测有着重大的意义。

（4）通过换用词语猜测词义

英语语篇有时为了避免用词的单调、重复，会使用意义相同或相近的词语来表达相同的含义，这时学生就可以利用相对简单的那个同/近义词来推测生词词义。

五、讲授翻译技巧

1. 直译法

直译法要求在不引起错误联想、符合译语语言规范的基础上，按照原文字面意思进行翻译。这种方法的优点在于它不仅保持了原文的内容，还保持了原文的形式，特别是保持了原文的形象、地方色彩等，因此是英语翻译中最常使用的技巧。

例如：

Beef prices is almost ten times of that in 1978.

牛肉价格几乎是1978年的10倍。

In the afternoon, you can explore the city by bicycle.

下午你可以骑自行车游览这个城市。

Tom did something, and the police... well, now he is staying at the correctional center.

汤姆做了点什么事情，警察……哦，现在他正待在纠错中心。

The bankruptcy of Lehman Brothers causes a chain reaction of financial crisis in the global world.

雷曼兄弟公司的倒闭在全球范围内引起了一系列经济危机连锁反应。

Smashing a mirror is no way to make an ugly person beautiful, nor is it a way to make social problems evaporate.

打碎镜子不能使丑八怪变得漂亮，也不能使社会问题烟消云散。

Hitler was armed to the teeth when he launched the Second World War, but in a few years, he was completely defeated.

希特勒在发动第二次世界大战时是武装到牙齿的，可是没过几年，他就被彻底击败了。

After Margaret Thatcher was elected as Britain's first - ever woman prime minister, she prescribed a dose of new kind of medicine to cure the "Britain disease。"

玛格丽特·撒切尔当选为英国有史以来第一位女首相以后，便开出了一剂治疗“英国病”的新药。

People are always talking about the problem of youth. If there is one which I take leave to doubt-then it is older people who create it, not the young themselves. Let us get down to fundamentals and agree that the young are after all human beings-people just like their elders. There is only one difference between an old man and a young one: the young man has a glorious future before him and the old one has a splendid future behind him, and maybe that is where the rub is.

人们总是在不断地谈论“青年人问题”。如果真有这么一个问题的话——对这一点我要不揣冒昧地表示怀疑——那也是年长者造出来的，而不是青年人自己造成的。让我们认真考虑一下问题的根本并承认青年人毕竟也是人——是跟他们长辈一样的人。青年人和老年人之间只有一点不同，那就是青年人的光辉未来在他们的前头，而老年人的辉煌已经留在他们的身后，或许这就是问题之所在。

2. 意译法

英汉语言各有自己的词汇、句法结构和表达方式，这就意味着直译有时是行不通的。翻译时若无法通过直译来表达原文含义，或直译过来不符合汉语习惯时，则可采用意译法再现原文含义。意译的优点在于能正确地表达原文含义，却不拘泥于原文形式。

例如：

He was smooth and agreeable.

他待人处事八面玲珑。

It's a Greek gift for you.

这是谋害你的礼物。

Do you see any green in my eye?

你以为我是好欺负的吗?

Don't cross the bridge till you get to it.

不必自寻烦恼。

This man is the black sheep of the family.

这个人是家庭中的害群之马。

Nixon was smiling and Kissinger smiling more broadly.

尼克松满面春风，基辛格更是笑容可掬。

After that, the special missions became frequent occurrences.

从此以后，特殊任务就司空见惯、习以为常了。

Ruth was upsetting the other children, so I showed her the door.

露丝一直在扰乱别的孩子，我就把她撵了出去。

Our son must go to school. He must break out of the pot that holds us in.

我们的儿子一定得上学，一定要出人头地。

It's not easy to become a member of that club-they want people who have plenty of money to spend, not just every Tom, Dick, and Harry.

要参加那个俱乐部并非易事——他们只收手头阔绰的人，而不是普通百姓。

Up Broadway he turned, and halted at a... glittering cafe, where are gathered together nightly the choicest products of the grapes, the silkworm and the protoplasm.

他拐到百老汇大街，在一家灯火辉煌的饭店前停下来，每晚都有上好的美酒、华丽的衣服和有地位的人物汇聚在这里。

3. 音译法

音译是根据词语的发音采用发音相同或大致相同的目的语词语来表达的一种翻译方法。有些词语表示了其所属文化下的某些新兴、特有或最早出现的事物、概念等，这些事物、概念在译语文化中一开始并不存在，翻译时也就无法找出与之对应的词语，这时就可以采用音译法来翻译。

需要指出的是，音译法不能胡乱使用。如果学生一遇到不理解的词语就音译，就无翻译可言了。因此，教师在教授音译法时，应告诉学生音译法的适用范围，即用于地名、人名、机构名称以及一些流行语的翻译，目的在于保留源语的纯正，减少翻译过程中的文化遗失和语言误解，快速、准确地传播文化，同时丰富本国语言。

例如：

Her diet restricts her to 1, 500 calories a day.

她的规定饮食限制她每天摄入 1500 卡路里的热量。

We all know we are the product of our genes, what are all the steps from gene to us?

我们都知道基因决定了每个个体，但基因是如何使我们成为现在的我们的呢？

Finally, it had to be secure, even in the hostile hacker and virus filled environment of the Internet.

最后，它必须是安全的，哪怕是在到处是心怀敌意的黑客和病毒的互联网络环境中也如此。

The coming of General Blucher at Waterloo turned the day against Napoleon.

布吕歇尔将军到达滑铁卢，使得拿破仑兵败如山倒。

I lived most of my life in Tustin, California.

我一生大部分时间都住在加利福尼亚州的塔斯廷。

Scarlett Ohara was not beautiful, but men seldom realized it when caught by her charm as the Tarleton twins were...

斯佳丽-奥哈拉长得并不美，但是男人一旦像塔尔顿家孪生兄弟那样被她的魅力迷住往往就意识不到这一点……

4. 转译法

转译法是一种涉及词类转换的翻译技巧。由于英汉表达习惯不同，译文中不可能每个词语的词性都与原文词语保持一致，这时学生不妨适当转换词性进行翻译，如把原文中的名词转换为动词、把原文中的副词转换为介词等。常见的词类转换翻译有以下几种。

（1）名词类转译。名词类转译主要有以下三种形式。

①名词转译为动词。

例如：

Cameras in operation.

车载监视器在工作。

The book is a reflection of Chinese society in the 1930s.

这本书反映了 20 世纪 30 年代的中国社会。

Peter doesn't like Jack's participation in the activity.

彼得不想让杰克参加这次活动。

②名词转译为形容词。例如：

The blockade is a success.

封锁很成功。

There is no immediate hurry.

这件事不急。

The security and warmth of the destroyer s sickbay were wonderful.

驱逐舰医务室的安全和温暖令人惊叹。

③名词转译为副词。例如：

The new mayor earned some appreciation by the courtesy of coming to visit the city poor.

新市长有礼貌地来看望城市贫民，获得了人们的一些好感。

The boy in the seat is eyeing the old woman beside him with interest.

那个坐着的男孩好奇地打量着他身边的老妇人。

（2）形容词类转译。形容词类转译主要有以下三种形式。

①形容词转译为动词。

例如：

I feel certain of his finishing the task on time.

我确信他会按时完成任务。

They were not content with their present achievements.

他们不满足于现有的成就。

Doctors said that they are not sure to they can save her life.

医生们说他们不敢肯定能否救得了她的命。

②形容词转译为名词。

例如：

They took good care of the wounded.

他们精心照料伤员。

The more carbon the steel contains, the harder and stronger it is.

钢的含碳量越高，强度和硬度就越大。

They have done their best to help elderly people of no family.

他们尽了最大的努力来帮助孤寡老人。

③形容词转译为副词。

例如：

We must make good use of our time.

我们必须很好地利用时间。

Standing on the teaching platform，Alexander took an apprehension look at the students.

亚历山大站在讲台上，忧虑地看着学生。

You should give your TV set a thorough examination to see if there is really something wrong with it before you get it repaired.

送修之前，你应当彻底地检查一下你的电视机，看看它是否真的出了问题。

（3）副词类转译。副词类转译主要有以下三种形式。

①副词转译为动词。

例如：

Now，I must be away，the time is up.

现在我该离开了，时间已经到了。

When the switch is off，the circuit is open and electricity doesn't go through.

当开关断开时，电路就会中断，电流就不能通过。

Mom opened the window to let fresh air in.

妈妈把窗子打开，让新鲜空气进来。

②副词转译为名词。

例如：

He is physically weak but mentally sound.

他身体虽弱，但智力正常。

It is officially announced that the unemployment rate will get lower next year.

官方宣称明年失业率会有所降低。

They have not done so well ideologically，however，as or anizationally.

但是，他们的思想工作没有他们的组织工作做得好。

③副词转译为形容词。

例如：

The sun rose thinly from the sea.

淡淡的太阳从海上升起。

His work was well finished, so his manager praised him.

这一次他的工作完成得很好，因此受到了经理的表扬。

I was deeply impressed by the great changes in my hometown.

家乡的巨变给我留下了深刻的印象。

（4）动词类转译。动词类转译有以下两种形式。

①动词转译为名词。

例如：

Western people think differently from Chinese people.

西方人与中国人的思维方式不同。

In the wedding ceremony, the rings symbolize the union of the two partners.

在结婚仪式中，戒指是结为夫妻的象征。

We think that your act is a violation of the principle of peace talk.

我们认为你们的这一行动违背了和平谈判的原则。

②动词转译为形容词或副词。例如：

More and more people dream of furthering their education abroad.

越来越多的人梦想去国外深造。

Only after they had done hundreds of experiments they succeeded in solving the problem.

在做了数百次试验以后，他们才成功地解决了这一问题。

Several kinds of brands are available within the price range.

在这个价格范围内有几种牌子可供选择。

（5）介词类转译。英语中的部分介词经常翻译成汉语的动词。例如：

His car barreled straight ahead, across the river.

他的车笔直向前高速行驶，穿过河流。

The president took the foreign guests around the campus.

校长带着外宾参观校园。

Lincoln wanted to establish a government of the people, by the people and for the people.

林肯希望建立一个民有、民治、民享的政府。

5. 套译法

英汉语言尽管差异巨大，但对某些事物的认知却是相同的。因此，英汉语言中存在一些语义相同或相近、说法相同或不同的成语、习语。这些成语、习语的翻译就可以采用套译法。例如：

Strike while the iron is hot.

趁热打铁。

Many hands make light work.

众人拾柴火焰高。

One swallow does not make a summer.

一花独放不是春。

Better be the head of a dog than the tail of a lion.

宁做鸡头，不做凤尾。

One boy is a boy，two boys half a boy，three boys no boy.

一个和尚挑水喝，两个和尚抬水喝，三个和尚没水喝。

Miss Andrew serves as a good secretary，for she is as close as an oyster.

安德鲁小姐可以当个好秘书，因为她守口如瓶。

需要指出的是，套译法要求学生必须熟悉英语习语的确切含义，切忌望文生义，否则就会造成误译。

6. 综合译法

前面介绍了很多翻译技巧，但在实际的翻译中往往很难只用一种方法就译出高质量的译文，而需要仔细分析原文的内部结构、各成分之间的逻辑关系，使用多种翻译技巧，将原文含义用通顺、自然的译语表达出来。

例如：

She was born with a silver spoon in her mouth who thought that she could do whatever she wanted.

她出生在富贵人家，认为凡事皆可随心所欲。

I had won 300Yuan at poker that ordinarily would have burned a hole in my pocket，but I couldn't shake an overwhelming sadness.

我玩扑克游戏赢了三百元。通常，钱烧口袋漏，一有就不留。可我当时极为忧愁烦闷，怎么也无法摆脱那种恶劣的心境。

People were afraid to leave their houses，for although the police had been ordered to stand by in case of emergency，they were just as confused and helpless as anybody else.

尽管警察已接到做好准备的命令，以应付紧急情况，但人们还是不敢出门，因为警察也和其他人一样不知所措且无能为力。

第三节　英语翻译的理论发展

英语翻译理论有很多分类和定义，这里我们将两种主要的翻译理论——交际翻译理论和功能翻译理论，做简略介绍。

一、交际翻译理论

彼得·纽马克是20世纪早期英国著名的翻译理论家和翻译教育家。他认为，“翻译既是科学，又是艺术，也是技巧”（Catford，J. C.，1965：100）。翻译理论的侧重点在于面对种类各异的文本如何选择合适的翻译方法。纽马克的翻译理论属于应用型理论，对翻译实践有很大的指导作用。

（一）交际翻译理论内涵

纽马克翻译理论的精华是语义翻译和交际翻译。交际翻译意指“译者试图在目标语读者身上，产生与源文在源语读者身上所产生的相同效果”（Newmark，Peter，1988：39）。这意味着交际翻译的重点在于在不违反目标语言与规范的前提下，采用符合目标语言、文化和语用常规的形式来传达源文本信息，而不是千方百计照搬源文本的实际用词（Shuttleworth，Mark，& Moira Cowie，1997：22）。所以，交际翻译要使源语服从目标与和文化，不能给读者留下疑点和晦涩难懂之处。

（二）适用文本类型

纽马克的翻译理论以语言功能为出发点，将文本分为表达型文本、信息型文本和感染型文本，并提出根据文本的类型特点选用不同的翻译方法：语义翻译或交际翻译。信息型文本和感染型文本的特点都以读者为中心，注重读者的理解和反应，所以交际翻译法是翻译此类文本的首选方法。

这里主要介绍与该学术论文相关的信息型文本。典型的信息型文本可以涉及任何知识领域，其形式往往非常标准化，如教材、技术报告、报纸或杂志文章、学术论文、备忘录或会议记录等。但是学术论文涉及各个方面，如果学术论文是关于文学题材的，表达某种价值观评判或者论文作者具有较高的地位或是普遍承认的权威人物，那么它就属于“表达型文本”（陈婧，2004：58-70）。这种类型的学术论文在翻译时可以侧重于纽马克的语义翻译。除此之外的论文翻译可采用交际翻译。本次翻译实践的管理类学术论文，很显然属于信息型文本，译者运用交际翻译理论，对学术论文的汉译进行探索研究。

（三）交际翻译理论对个案研究的指导

该学术论文形式上具有标准化特征，具有真实性特点，并且是非文学论文，所以该文本属于信息功能文本。根据纽马克翻译理论，应侧重于采用交际翻译。在翻译中，本着忠实于目标语和目标文本读者的原则，按照源语服从目标语和文化，不给读者留下任何疑点和晦涩难懂之处的要求（杨莉，2008：176），笔者从词汇、句法、段篇的层面上对译文进行如下解析，探究英语论文汉译的翻译方法。

1. 选词专业化、精准化

在论文汉译时，词义的选择是汉译的难点。在选择词义时，译者需要查阅论文的背景资料，选取论文所涉及领域的专业词汇。

例如：

We assess empirical data on the components of guanxi networks relative to the network-based entrepreneurship and guanxi literatures, leading to an initial understanding of guanxi network dynamics in the entrepreneurial process in China.

我们对社会关系网组成部分的经验资料进行评估，涉及以网络为基础的创业活动和社会关系文献，得出中国创业过程中关系网动态变化的初步认识。

该句中“empirical data”“guanxi literatures”和“guanxi network dynamics”的译法值得推敲。“empirical data”在数学专业中有“实验数据”“经验数据”之意。

该句语境是调查创业者创办企业中所使用的社会关系，并非进行的一项实验，所以在该句中“empirical”译为“实验”不当。笔者在管理类论文中查阅到，涉及“empirical data”多被译为“经验资料”。根据上下文，可以借鉴“经验资料”的译法。“guanxi literatures”在无上下文背景下，字面翻译为“关系文学”，但在本文中，“guanxi”指的是“社会关系、人际关系”，而“literature”译为“文学”显然不合适，根据上文的“经验资料”译为“文献”较好。“guanxi network dynamics”是管理学的专业术语，参考管理词汇大全，译为“社会关系网络动态”。在翻译过程中，为了保障译文质量，选词是关键的一步，只有词语选择得精准，译文才能专业化。

鉴于学术论文具有严谨性、真实性的特点，译者在猜词翻译之后一定要进行验证，确保译文忠实于原文。

例如：

She coded the nature of compositional ties of a guanxi network as mainly composed either of kin or non-kin members and as ‘expressive’ (affection-based), instrumental (economically driven), or ‘mixed’ (both expressive and instrumental);

把“关系”网络组成部分的属性编码为主要家族成员或非家族成员，以及“情感型”（具有感情基础）、“工具型”（受经济驱使）或“混合型”（既是表现型又是工具型）；

该句中“expressive”“instrumental”“mixed”三个词，根据全文猜测为“表达型”“工具型”“混合型”。然而猜测是否恰当，需要进行验证。在互联网上查证后发现有汉语期刊论文提到了这几个词，分别是“情感型”“工具型”和“混合型”。如此一来，参照汉语相关资料，确定了这些词语的汉语意思。

在确定某个常见词的语义时，不能简单地字面翻译，要考虑到读者的接受度，寻求合适的汉语词汇，将原文想要传递的思想用地道的汉语表达出来。

例如：

Together, these ties serve as the information pool that could keep entrepreneurs alert to changes in the institutional environment and new market information.

同时，这些关系纽带作为信息库可以提醒创业者制度环境的变化和新的市场信息。

“information pool”直译是“信息池”，但是，这样译会使读者感觉晦涩并且不符合汉语表达习惯。根据交际翻译理论，如果我们把“information pool”处理为“信息库”，那么读者会更容易接受，译文也显得比较地道，避免了翻译腔。

对英汉语言之间不完全等值的专业术语，可在翻译过来的术语前后增加解释性的词语以准确地表达原义。

例如：

Entrepreneurs from less knowledge-intensive sectors practiced the traditional art of doing guanxi (Yang, 1994: 6), which involves the exchange of gifts, favors, and banquets and the manufacturing of obligation and indebtedness.

译文：非知识密集型行业的创业者践行传统的“走关系”（Yang，1994：6）包括“送礼、帮忙、宴请”和“履行人情义务和偿还人情债”。

分析：“the manufacturing of obligation and indebtedness” 按字面翻译为“义务和债务的制造”，显然不符合汉语逻辑。根据中国的国情和汉语的习惯说法，将其译为“履行人情义务和偿还人情债”比较好，符合逻辑又符合汉语习惯，同时准确地表达了文义。

2. 意群分层剥茧、化繁为简

英汉分别属于两种完全不同的语言体系，句子的差异十分明显。汉语重意合，学术论文中的句子主要是简练的单句或简单的复合句，结构简单；而英语以形合为主，长句较多，结构复杂。纽马克的交际理论要求目标文本所产生的效果应力求接近原文本，所以在翻译英语长句时，对句子的意群要分层剥茧，将层次复杂的英语长句译为通俗易懂的汉语句子。在翻译过程中，首先要辨清长句的主次成分，抓句子的主干，把英语长句化繁为简，然后加入修饰成分，重新组合句子，使其既忠实于原文又要符合汉语表达习惯。

例如：

Entrepreneurs mentioned that few bank investors or venture capitalists in China were willing to invest in an entrepreneurial opportunity due to the perceived low credibility of individual entrepreneurs.

创业者提到：由于中国的银行投资者和风险投资人员认为个人创业者的信誉度较低，所以他们不愿意向创业机会投资。

本句为宾语从句，从句中又包含着原因状语从句。根据交际翻译理论，本着完整表达句意，使译文符合汉语表达习惯的原则，对该句进行拆分，再根据汉语习惯进行整合。该句主语为 Entrepreneurs，谓语是 mentioned，宾语为 that 从句。That 从句又是一个原因状语从句，从句的主语部分是 few bank investors or venture capitalists in China，谓语成分是 were willing to invest in an entrepreneurial opportunity，原因状语成分是 due to the perceived low credibility of individual entrepreneurs。根据汉语表达习惯，调整英语语序，先表述原因，再将该句整合。

例如：

Although these jiaoqing based guanxi relations are instrumental, weak ties as they are economically driven, built on mere acquaintance and require low degrees of maintenance and reciprocal obligations, they are also ‘opportunistic ties’, which may offer valuable opportunities that enable the entrepreneurial firm to grow beyond short-term survival and achieve long-term success.

尽管这些以交情为基础的关系由于受经济上的驱使，具有工具性和脆弱性，仅建立在了解和低程度的维护和互惠需求之上，但它们也是“机会的关系”，可以提供有价值的机会，使创业企业超越短期生存，获得长期成功。

该句为 Although 引导的让步状语从句，状语从句中又包含一个原因状语从句和一个非限定性定语从句。理清句子结构之后，译文的层次关系亦明了。

例如：

They argue that the network approach provides better explanations of venture creation phenomena by simultaneously capturing the unfolding entrepreneurial process and the evolving social relationships between entrepreneurs and their associated others.

通过捕获的创业者与相关人员开展的创业过程及其同时展开的社会关系，他们认为，关系网能更好地解释企业创立现象。

翻译该句的难点在于理清逻辑关系。句子的主干为 They argue that the network approach provides better explanations of venture creation phenomena; “by” 后面引导的是方式方法。在处理该句时，“by” 前后应该分开译，译出逻辑关系的先后。

3. 段篇连贯，彰显条理

学术论文的显著特点之一是条理清楚，常出现排序的现象。根据这一特点，在做论文的英译汉时，要翻译出论文的条理性，使得论文连贯、条理分明、层次清楚。

在顺序方面，一种情况：经常出现 “First” “Second” “Third” 等叙述词语，或 “ⅰ” “ⅱ” “ⅲ” 诸如此类的序号。一般来说，原文在论说过程中，有意识地将观点、主张等作前后或主次排列是一种常态，因而大量的译文只要跟着原文的顺序译下去即可，因为原文的一、二、三……（或第一、第二、第三……）标识已经非常清楚（何刚强，2009：34-38）。

例如：

The paucity of research on guanxi dynamics and the entrepreneurial process in China leads to two general questions that guide the present investigation. First, how do entrepreneurs develop and use guanxi in order to support entrepreneurial firm creation and development in China? Second, do entrepreneurs guanxi networks differ systematically across stages of the entrepreneurial process?

对中国关系动态变化和创业过程研究的缺失引起了主导本次调查的两个一般性问题。第一，为了支持创业公司在中国的创立和发展，创业者是如何发展和利用关系的？第二，创业者的关系网在创业过程中的不同阶段有系统的不同吗？

分析：在原文有明确表示层次的序数词时，按原文顺序翻译即可。另一种情况，当遇到文章非显性排序的时候，虽然英文没有标出序号，但英语读者能体会到其中的层次性。在这种情况下，译文要加入显示层次的词汇，展现出文章的层次感。

例如：

Data analysis in this study closely followed two major steps typical in inductive multi-case research：building individual cases and then comparing across cases to construct a conceptual framework.

在完成了两项典型的归纳性多案例研究——建立个案，然后跨案例进行对比构建概念框架——之后，作者紧接着又对该研究中的数据进行了分析。

“followed”一词显示了该句话的逻辑关系，译者把“followed”处理为“在……之后，紧接着……”表明了先后顺序，让读者清楚明了。

此外，句子通顺与否也直接影响着译文的连贯性。句子通顺，给人直观感觉整篇文章连贯顺畅；句子佶屈聱牙，整篇译文也不会通畅。如下例所示：

Second，we found that strong guanxi ties with governmental officials are not necessary for all entrepreneurial firms.

译文 1：

第二，我们发现与政府官员建立牢固的关系纽带并不是对所有的创业型企业是必需的。

译文 2：

第二，我们发现并不是所有的创业型企业都必须与政府官员建立牢固的关系纽带。

显然，译文 1 是字对字翻译，与纽马克的语义翻译有相似之处，虽然读者能理解大意，但是流畅感不佳，带有明显的翻译腔；译文 2 采用交际翻译，考虑到读者的接受度，调整了语序，使译文通顺不少，并符合汉语的表达习惯。

若要译文连贯，用词也须一致。原文中出现多次的词语，在译文中的译

法要保持一致。如：文中多次出现“closure or a sparse structure”，译者将其译为“闭合或稀疏结构”，这一词语如在文章其他部分出现时，不要译为“封闭或疏松结构”，虽然意思相当，但是在一致性上就欠缺一些，让读者感到译者随机性很大，有不专业之嫌。

在翻译英语学术论文的过程中，首先要明确文本的类型，根据文本类型选择适合的翻译方法；然后从字词、句段、篇的层面上进行把握，确保译文用词准确、句法清晰、符合逻辑、条理清楚，从而增加译文的可读性。

（四）译后审校

翻译完成后的审校阶段，是提升译文质量的重要环节。审校的形式多种多样，审校的方法也不胜枚举。例如，根据审校不同的主体，可分为自校、他校；根据审校的次数可分为一校、二校；根据审校的精细程度，可分为精校和毛校；此外还有参照原文的校核和不参照原文的校核；术语的校核等。下面，笔者从内容和形式两方面对译后审校加以说明。

1. 译文内容审校

内容是译文的核心，内容的正确性和完整性直接影响着译文的质量。内容翔实准确是翻译的基本要求，对于论文翻译更是如此。论文本身对语言的准确性、严谨性要求较高，译文的语言也要力求准确严谨。由此而言，对译文内容的审校是不容忽视的。针对本次审校，译者对照原文逐句进行校对，首先确保每句的意思表达完整准确；然后分析句间、段落之间的关系；理清行文脉络；最后宏观把握全文，看中心是否偏离，看译文表达的效果是否与原文一致。由此，笔者总结出校对内容的一般步骤为：首先要对照原文，保证译文传递的信息准确无误；然后不看原文，分析思考译文段落之间、句子之间逻辑上是否连贯、通顺；最后对照原文，宏观把握，进行微调，再通读一遍。

2. 译文格式审校

如果内容是译文的核心，那么格式将是译文的外衣。论文翻译的格式更不容忽略。众所周知，每一篇论文都有其格式，格式使论文的条理、层次更加清晰。捋顺文章内容之后，对译文的格式也给予关注。这里所说的格式重点指标点及译文的形式。首先要注意中英文标点的不同：英文的逗号、句号的拼写与中文不同；英文中无顿号、书名号，译文中必要的地方要添加；英语中的逗号在汉语中可能是冒号也可能是顿号；英语中的句号可能变为汉语的逗号——这些要根据文义判断；然后要注意译文的形式，要与原文保持一致，如原文中段落有分隔，那么译文也要分段；原文中大标题加粗的译文要加黑；原文有表格的译文也要以表格的形式呈现等。

二、功能派翻译理论

（一）功能派翻译理论发展源起

语言是人类区别于其他动物的关键特征之一，人类思维最直接的体现形式便是语言。马克思、恩格斯认为语言是人类生产劳动的产物。它不仅是人类思维的工具，同时也是人际交往的重要桥梁。美国语言学家萨不尔在《语言论》中指出："语言不能脱离文化而存在，就是说不能脱离社会流传下来的，决定我们生活风貌和信仰的总体。"可见，语言是文化的一部分，是文化的载体。在广阔的地球上，不同地域间有着不同文化背景的人类，他们之间要达到文化交流这个目的最基本的必然手段就是语言翻译。"把一种语言已经表达出来的东西用另一种语言准确而完整地重新表达出来，翻译便是这样一种跨越了时间和空间的神奇的语言活动。

有源远流长的实践活动，就必然有对实践活动进行归纳总结的理论研究。20 世纪 50 年代的西方，随着语言学的蓬勃发展，翻译理论也得到了不断的创新发展。尤金奈达的动态对等理论从语言学角度出发关注两种语言之间的转换及翻译的信息交流功能，是那个时期以文本为中心的翻译研究的代表理论。而到了 20 世纪 70~80 年代，随着科技的发展，文化交流愈加频繁并且深入，功能对等理论这种忽视了文化间交流的纯语言学翻译理论的不足促使翻译理论从静止的语言学研究类型向重功能、重交际的翻译分析途径转变，出现了面向译语文化的翻译研究趋向，德国功能派这种"侧重功能或文本功能"的翻译理论摆脱了对等翻译论的束缚，适逢其时应运而生，更多地关注译文和读者之间的关系以及译文社会交际的效应和功能，拓宽了翻译理论研究的领域，赋予了翻译更多的含义（胡作友，2008）。

（二）功能派翻译理论框架概述

功能派翻译理论侧重功能或文本功能，它的核心是翻译目的和译文功能，因此又称为功能目的论。功能翻译理论注重的不是译文与原文的对等或译文的完美，而是强调译文应该在分析原文的目的和功能的基础上，以译文

预期功能为导向，根据不同的语境因素，选择最佳处理方法。比起传统的等值观，功能翻译理论体现了更大的灵活性。

这个“迄今德国最有影响力的一个译学流派”（谭载喜，2004：255），其研究重点是文本/译文功能、翻译行为及其目的、翻译策略（王丽华，2012：4），主要由四位翻译学者的论著观点结合发展完善而成：卡塔琳娜·莱思（Katharina. Reiss）、切斯特·霍斯-曼特瑞（Justa Holz-Manttari）、汉斯·弗米尔（Hans J. Vermeer）和克里丝汀·诺德（Christiane Nord）。

1. 莱思的文本类型理论

卡塔琳娜·莱思是一位经验丰富的翻译家和翻译教师，侧重对翻译行为中的文本进行研究，她认为语言文本类型理论可以帮助译者确定特定翻译目的所需的合适的对等程度。莱思根据功能语言学家卡尔布勒的语言功能模式，将文本分为三种类型：信息型、表情型、操作型。并对每种不同的文本类型的语言功能、语言特点、文本焦点和译文的目的以及应采取的翻译方法进行了详细的分类总结。

在莱思的文本分类中，那些表达事物与事实的侧重内容、具有逻辑性的文本属于信息型文本，其通常文字简朴，所陈事实包括信息、知识、观点等，在翻译方法的选择上应尽量用简朴的白话文，简洁明了。而表情型文本侧重用文字的形式来表达情感，语言具有纯美的特点，翻译上要尽量忠实于原作者；操作型文本侧重语言的感染作用，通常以对话的形式来感染读者或“接受者”并使其采取某种行动。赖斯认为，翻译的时候，首先要确定文本类型，然后才能确定翻译方法，翻译方法应与文本类型一致。译者能根据文本类型处理内容与形式的主次取舍。信息功能文本翻译的首要目的要保证信息的精确，表达功能文本关心修辞结构的相应美学效果，操作功能文本要达到原文的目的。

2. 霍斯曼特瑞的翻译行为理论

霍斯曼特瑞于80年代提出了翻译行为论，区别了翻译和翻译行为两个概念。曼特瑞认为翻译是一个狭义的概念，涉及源语文本的使用，而翻译行为是一个广义的概念，涉及译者为翻译所做的一切，包括在翻译过程中给予文化或技术上的参考意见。翻译是一种为实现某种特定目的而设计的复杂行为。翻译行为的目的在于传递跨越语言与文化障碍的信息。

参与到翻译行为这一互动过程中的人员包括：发起人和委托人、译者、原作者、目标文本接受者、目标文本使用者。所有参与到翻译行为中的人都有自己的目的，这些目的相互关联，因此译文的形式并非照搬原文模式，而是取决于其是否在译语文化中合理地为其功能服务。翻译行为理论强调译文在译语文化中的交际功能，而译员便是产生跨文化交际的信息传递者的专家。有些学者对翻译行为理论非常欣赏，认为其翻译行为的概念适用于所有的翻译，可以指导译者的翻译决策。

3. 弗米尔的目的论

弗米尔在翻译行为理论的基础上提出了翻译的“目的论”。他认为翻译是在“目标语情景中为某种目的及目的受众而生产的文本”（Vermeer，1987：29）。目的论的中心思想是，行动皆有目的，行动者参照实际环境选择一种他认为最合适的方式以求达到预期目标（张南峰，2004：111）；既然翻译也是一种行动，所以“（翻译）行动的目的决定达到预期目标的策略”，也就是说，译文应对预定的受话者发挥预期的功能（Vermeer，1996：12-15）。

在目的论的理论框架中，决定翻译目的的最重要因素之一便是受众，译者心目中的接受者，他们有自己的文化背景知识，对译文的期待以及交际需求（张美芳，2005：85）。这种目的性在信息社会的翻译实践中对翻译策略的选择起着重要作用（高桂贤，2008：13）。这也是弗米尔将这个理论称为目的论的原因。弗米尔认为目的论的贡献之一就是目的论，扩大了翻译的可能性，增加了可供选择的翻译策略，替译者松了绑，让他们不必局限于强加在他们头上的因而常常是毫无疑义的直译（Vermeer，1989：186）。

目的论以目的为最高标准，在目的论指导下，译者必须自觉地、前后一致地、按照有关译文的特定原则进行翻译（Vermeer，1989：182）。如一些实用文献，译者就可以用任何能够增加译文可理解性或可接受性的方法，像是替换、释义、省略、扩充等方法来翻译。

4. 诺德的功能加忠诚理论

克里丝汀·诺德是当代德国翻译研究界的重要人物。她深受老师莱思的文本类型学的影响，赞赏曼瑞特的翻译行为理论，信服弗米尔的目的论，并在此基础上把忠诚原则引入了功能主义模式：“没有原文，就没有翻译”、“译者应同时对原文和译文环境负责，对原文信息发送人（或发起人）和目的语读者负责”（张美芳，2005：64-65）。诺德的忠诚原则强调译者、原文作者、译文接受者及翻译发起者之间的人际关系，对翻译教学有特别重要的意义。

功能加忠诚理论的核心概念之一是对原文的分析和对翻译类型的分类。

"诺德的，原文分析包括了文外因素和文内因素。文外因素涉及信息发送者的意图、文本功能、接受者等信息；文内因素包含了从词、句、段落到内容主题等方面。原文分析是实现译文功能的重要步骤，通过原文分析，译者可以清楚地知道，原文中哪些信息或语言成分应该原封不动地保留，哪些应该根据翻译意图进行调整。"（张美芳，2005：91）在对原文分析的基础上，可以判断出翻译的目标功能，是纪实性翻译（documentary translation）还是工具性翻译（instrumental translation）。再根据不同的翻译类型和目的选择不同的翻译形式，即将原文中需要照原样重现的功能和那些必须根据接受者的背景知识、心理期待、交际需要、媒介条件以及指示需求等因素进行调整的内容区分开来。

纵观功能翻译论从其诞生到现今多年的发展历程，其本身就是一个思考、构建、应用、批评反思再补充完善的探索过程。从早期莱思偏重文本类型的翻译理论到曼特瑞极端强调译者在翻译行为中的绝对权利，再到弗米尔提出的功能的论：翻译是在目的语情景中为某种目的及目的受众而生产的语篇，以整个翻译行为的目的是决定任何翻译过程的基本原则为最高准则。诺德进一步发展完善了这个理论，提出了功能加忠诚的理论原则：没有原文，就没有翻译，译者应同时对原文和译文环境负责，对原文信息发送人或发起人和目的语读者负责，功能翻译理论的脉络逐渐扩充壮大同时也更加清晰完善。

（三）功能派翻译理论在国内的研究成果综述与现状

1. 功能派翻译理论研究成果概述

自功能派翻译理论被陆续引进中国翻译界以来，引起了广泛的关注，各种探讨、引用、评价该理论的论文专著不胜枚举。国内各类就功能翻译理论而发表的上千篇研究论文中，涉及了和翻译相关的方方面面，其中尤以对非文学类翻译策略的探讨占了绝大多数。话题范围非常广泛，有商务、广告、新闻、商标、旅游、公示语、产品说明书、电影字幕、外宣资料、涉外酒店、医药医学等较常规的应用英语翻译领域；也有像体育武术、英文歌曲，甚至服装英语这样冷门新奇的英语翻译领域。可以说功能翻译理论引入中国后，国内的学者们，或深刻，或偏颇，但都已经将其在非文学类文本翻译策略上的指导应用发挥探讨到了极致。诚如卞建华、崔永禄在其发表的述评论文中所指出的那样，功能主义目的论的研究重点在于制定翻译策略。不少中国学者运用功能主义目的论对文学和非文学翻译策略问题进行了有益的探讨。由于功能主义目的论强调翻译目的对翻译策略的决定作用，国内学者普遍认为，该派理论更适用于目的性较强的非文学类文本翻译，相关论文数量也较多。

德国功能派翻译理论引入我国虽然时间不长，但近年来我国对该派的理论研究和应用有了长足的发展；这不仅仅表现在相关研究论文的数量上，还表现在研究的范围上，包括述评研究、理论研究、文学翻译研究和应用翻译研究。

2. 功能派翻译理论研究现状

功能翻译理论在“中国化”的过程中，各类研究蓬勃开展，各类文章不断发表。但对这些纷繁复杂的功能理论文章进行分类解析后，却赫然发现一个突出的特点：不管是翻译评论、翻译策略探究，抑或是理论反思研究，国内的学者们却很少将这个“在译员培训中发展起来的理论”应用于翻译教学的研究。国内现有研究显示出不平衡特征，评价类文章多，研究类文章少；应用文翻译类文章多，文学翻译类少，探讨翻译教学类文章更是寥若晨星。功能派理论发源于对大学译者的培训，但在中国的译者培训中，尤其是在翻译教材中所发挥的指导作用还太小。

（四）功能派翻译理论三大运用法则

翻译技巧不仅涉及语内知识，而且涉及语外的知识（如翻译目的、译文功能、译文读者、目的语社会的语言规范等）。一个合格的译者应该知道如何根据不同的译文功能、不同的读者和不同的目的语社会的语言规范采取相应的措施 。功能派翻译理论强调自上而下的翻译方式：从原文篇章的功能目的出发，先分析篇章的整体类型再分析具体字词句段的特点和翻译策略。

弗米尔提出的“目的论”是功能派翻译理论中最重要的理论（仲伟合等，1999：47），其认为翻译活动是有目的的交际行为，而译文的文本功能的实现是翻译活动的最重要的目的。此为功能翻译理论的目的法则，为了实现文本功能，译者应根据文本的特点以及预期文本接受者的不同特点采用不同的翻译处理手段。

除了目的法则之外，目的论还有两个法则：连贯性法则和忠实性法则。连贯性法则指的是译文必须符合语内连贯的标准。所谓语内连贯是指译文必须能让接受者理解，并在目的语文化以及使用译文的交际环境中有意义。忠实性法则指原文与译文间应该存在语际连贯一致。语际连贯类似于通常所说的忠实于原文，而忠实的程度和形式则由译文目的和译者对原文的理解决定（仲伟合等，1999：47）。

（五）土木工程应用英语文本翻译实例解析

Methods of Prestressing

①There are two principal ways in which concrete is prestressed, namely, by tensioned wires fixed at their ends, by tensioned wires gripped by the concrete.

②The reinforcement is separated from the surrounding concrete by a sheath orother wrapping which allows the wires to move freely during stressing. The wires are anchored at the ends of the beam either by fixing to an anchor plate, or by other devices such as wedging with concrete cones. Since the steel is stressed after the concrete is cast and hardened this method of prestressing is known as post-tensioning.

③A disadvantage of this method is that the wires must be protected from corrosion by forcing cement grout into the sheath. The grout provides protection against corrosion and also provides a bond between the wires and the sheath and thus with the concrete; it also supplements the resistance of the wires to slip, without which the security of the wires would depend entirely on the permanence of the end anchorages. With proper care these disadvantages do not involve serious risk.

④In the concrete-gripped type of prestressed concrete, the wires are stretched before concreting; the method is consequently referred to as pretensioning. When it has hardened the concrete grips the wires as in reinforced concrete, except that the grip may be increased slightly when the wires are released from the stretching device on account of a slight shortening and swelling of the wires that occur as the concrete member shortens under compression. The shortening of the concrete member is also a slight disadvantage of this method of prestressing, since the consequent shortening of the tensioned wires is accompanied by a reduction in the prestress, in addition to that due to shrinkage of the concrete.

⑤On the other hand it is not necessary to provide anti-corrosive treatment, the wires are gripped throughout their length, and the security of the beam is not dependent upon anchorage of the wires at the ends. Prestressing may increase the ultimate moment of resistance of the concrete in a beam; failure generally occurs by the yielding of the wires. If, therefore, sufficient prestress can be induced by this method to eliminate cracking under a small overload, it is probably better than the post-tensioning method, since there are no anchorages to fail. The application of the post - tensioning method when prestressing by compressing together precast blocks is often simpler to carry out on the site than pretensioning. It is important to use a strong concrete with pretensioning since the wires have been known to slip in concrete of average strength.

1. 原文分析

（1）翻译目的与目标读者

原文选自高等教育出版社2009出版的全国行业英语系列统编教材《土木工程应用英语》，教材学习者为笔者任职的高职院校土木工程专业方向的大二学生。

他们在经过大一一学年的基础英语学习后，于大一上学期学习这本和他们专业相关的英语教材。因此，他们就是译文的目标读者。作为专业英语课程的教学内容，翻译这篇文本的目的有两点：一是让学生通过这篇文本的学习掌握专业知识：预应力混凝土的两种生产方法；二是辅导学生在翻译学习的过程中掌握英语翻译技巧，提高学生翻译专业文章的水平。

（2）原文语篇特点与译文要求

这是一篇介绍预应力混凝土的文章的节选段落，节选的段落介绍了预应力混凝土的两种生产方法。在莱思的文本类型分类中属于信息型文本，具有词汇含义专业、句型扩展、句子复杂、段落逻辑连贯等特点。鉴于此份文本功能和用途的特殊，此次翻译的目标在保证译文的专业和段落的逻辑连贯的同时还应保证译文的可读易懂，易于学习者掌握。

（3）制定翻译方案

从诺德的功能翻译角度来看，此次翻译是工具性翻译，译文可根据信息传递的目的和目标读者的需求对原文做适当的调整。

（4）加小标题

科技译文目标读者的目的是从译文中获取准确信息。作为此次翻译的目标读者，学生对译文的期待之一也有能快速地从译文中获取准确信息。要想达到这个目标，在译文中给每个逻辑意群添加上小标题，有效地把原文冗长的信息进行分类是不错的策略。让学生既能在学习时熟悉文章架构又能在阅读时快速找到自己所需的专业信息，同时掌握了一种良好的翻译策略。

（5）对应选词

任何科技专业英语材料的翻译，选词的专业性是必然要求。科技语篇的语言注重科学性、逻辑性、正确性与严密性。作为将来这个专业领域科技工作者求学阶段的专业知识学习材料，译文的专业、正确显得尤为重要。词的选择贯穿土木工程专业英语翻译的全过程。

（6）重组

原文是对预应力混凝土的两种生产方法的介绍，在第①段的综述总起之后，②、③两段是后张法及其缺点的介绍；第④段介绍了先张法的具体施工工序，却在最后一句话突兀地提到先张法的缺点，却在第⑤段先介绍先张法的优点之后，然后将两种方法进行比较，最后一句话又再次回头介绍先张法的弱点。

这样的语序安排过于混乱，学生看完无法对两种方法的优缺点有明确的概念，为了保证上下文结构的统一，突出两种方法对比后的结果，做出这样的译文顺序重组方案：配合小标题的添加，先介绍后张法工序，之后是后张法的优缺点；接着再介绍先张法，跟着同样介绍先张法的优缺点。从译文功能实现的角度出发，相信这样的调整可以让译文的思路更加清晰，学生能更快地掌握两种方法间的差别。

2. 参考译文

预加应力的方式

给混凝土预加应力有两种主要的方式：一种是（在混凝土内部）张拉钢丝后将钢丝两端锚固在台座上；另一种是（放张）被混凝土紧紧包裹着的已张拉钢丝。

①后张法：在混凝土浇筑和硬化后才将钢筋穿入其中并进行张拉，这种预加应力的方法称为后张法。钢筋在穿入混凝土时应通过套管或其他包裹物与周围的混凝土隔离，保证其在张拉时能移动自如。张拉后的钢丝可以固定在锚板螺栓上或用其他方法进行锚固，比如楔入混凝土锥体等。

后张法的缺点：在张拉铺固好钢筋之后必须将水泥浆灌到套管中来防止钢丝的腐蚀。水泥灌浆既能保护钢丝不被腐蚀，又能给钢丝和套管之提供黏结力，进而也确保了钢筋和混凝土之间的黏结；它还能增强钢丝的抗滑移能力。如果没有灌浆这道工序，钢丝的安全性就只能完全依靠其端部铺具的耐久性了。然而只要做足适当的防护，上述的缺点不会导致严重的后果。

后张法的优点：在施工现场，通过压缩预铸模块来施加预应力的时候，后张法比先张法更简单易行。

②先张法：在有黏结预应力混凝土生产中，先张拉钢丝，再浇筑混凝土（钢筋和混凝土之间直接紧密黏结），这种方法被称为先张法。在浇筑的混凝土硬化后，就像普通的钢筋混凝土一样，混凝土会包裹着钢丝。这种状态在钢丝从张拉设备上被放张时会发生些许的改变——因为钢丝的放张使钢丝产生轻微的回缩和膨胀，也伴随着混凝土构件的回缩，从而导致钢筋和混凝土间黏结力的少许增大。

先张法的缺点：混凝土构件的回缩是先张法的一个小缺陷，因为伴随混凝土的回缩及被拉伸钢丝的弹性回缩，预应力随之降低。另一个重点是先张法要采用高强度的混凝土来施工，因为众所周知钢丝在一般强度的混凝土中会滑动。

先张法的优点：在先张法中，钢丝全部都被混凝土包裹，不需要提供防锈处理；梁体的安全性不再仅仅依赖于钢丝端部的铺具来保证。施加预应力可以增强梁体混凝土的极限抗弯力矩，而且只有当钢丝软化脆化后会失效。因此，如果能够通过先张法施加了足够的预应力来消除轻微超载下的裂缝，由于没有铺固失效的困扰，先张法在某种意义上比后张法更好。

3. 文本接受者分析

教与学，密不可分相辅相成。在专业英语文本的翻译教学过程中，学生既是信息知识的文本接受者，更应是教师辅导下的优秀译者。他们在教师指导下发挥主观能动性边译边学，掌握专业知识的同时获得翻译能力，为将来走上工作岗位成为本专业真正的前沿科技知识引领者打下坚实的能力基础。

专业英语课程是为学生将来进入职场做准备，扩充夯实所学专业知识的同时，让他们在诸如涉外联系、签订外事工程合同、翻译专业最新技术发展文章、参加国际专业会议等工作实践中具备良好的专业英语能力，以适应知识国际化、全球化的发展趋势，提高更新前沿专业知识的自学能力。因此在专业英语翻译教与学中，学生不仅学习相关专业知识，还要学习掌握翻译技巧与能力。

虽然教师是专业英语文本的第一译者，但作为比英语教师有着更完整的专业知识结构的学生应在英语教师的语言技巧辅导下发挥主观能动性，成为专业英语文本的真正的译者和学习者，为将来走上该专业工作领域获取良好的技能运用能力。在弗米尔的目的论中，决定翻译目的的最重要因素之一便是受众译者心目中的接受者，他们有自己的文化背景知识，对译文的期待以及交际需求。人的兴趣是在需要的基础上发展起来的，需要的对象也就是兴趣的对象。作为专业英语翻译教学行为中身兼特殊的译者和文本接受者两个角色的学生，两个角色合而为一，可以切身体会到文本接受者对文本的需求和期待，因此能够以切身的需求和期待来更好地指导自己的翻译过程，从而很好地实现文本的预期功能和目的，达到翻译教学的目的。

（六）合适的翻译教学方法论

1. 语言技巧讲解

翻译是一种技能，又是一门科学，不排除英语学到一定水平就可以自然地掌握。功能加忠诚理论的核心之一是通过对原文文本从词、句、段落到内容主题等方面进行全面的文内分析，再根据目标文本的预期功能目的选择最适合恰当的翻译策略进行翻译，以实现译文的预期功能。因此，词汇专业性强、句型特征突出、篇章逻辑连贯的专业英语课程翻译教学始终是离不开翻译技巧的讲解，不仅离不开，而且更应对英语基础相对薄弱的高职院校理工科学生加强英语翻译教学的理论技巧的讲解，让他们知其然更知其所以然。只有通过细致的翻译技巧讲解，让学生掌握了解译文产生的来龙去脉，在功能翻译论指导下，学会根据译文的功能目的采用不同的文本翻译策略，才能译出实现文本预期功能的优质译文。

2. 图表直观释义

专业英语课程是以实现文本功能为目的的教学，而以介绍讲解专业术语和技巧操作为主要文本目的与特点的土木工程应用英语教材，在翻译教学过程中，不可避免地要对各种专业名词术语进行详尽的解释。层层递进修饰的英文句子常让初译者无所适从，无法快速掌握该专业术语的实质精髓。而采用图表归纳的方式将繁琐的句子陈述转化为直观形象的图像或表格，配合翻译教学，可以达到良好的教学效果。

例如：

Highway subgrade (or basement soil) may be defined as the supporting structure on which pavement and its special undercourses rest. In cut sections, the subgrade is the original soil lying below the special layers designated as base and subbase material. In fill sections, the subgrade is constructed over the native ground and consists of imported material from nearby roadway cuts or from borrow pits.

这是对公路路基这一专业术语的概念介绍，从挖方和填方两个角度解释了路基的定义。在翻译教学中，可以用图表将这几个概念间的关系直观地呈现出来，易于学生理解掌握（表 3-1　公路路基）。

表 3-1　公路路基

Definition 定义	cut secition 挖方断面	fill section 填方断面
pavement 硬路面层	special layers 特殊层	wearing course 磨耗层
special undercourses 特殊的下层结构		
the supporting structure 支撑结构； Subgrade 路基（basement soil 土基）	original soil 原始土层 （base，subbase material 基层，底基层）	from borrow pits （从取土场引入材料）
		native ground 天然基础

“公路路基（又被称为土基）可以被定义为是硬路面层及其特殊下层结构的支撑结构。从挖方断面角度看，路基是处于特殊层下方的一层原始土层，又被称作基层和底基层。从填方断面角度看，路基是修建于天然基础之上、通过从附近道路挖土或是从取土场引入材料来建造的。”

例如：

Soil grains are surrounded by thin films of water. This water is attracted by the molecular charge of the soil grains and has a higher boiling point, lower freezing point, and greater cohesion than ordinary water. The first few molecular layers are almost solid and are more like ice. Then as the distance from the particle increases through the double layer water its properties change and finally become those of free or gravitational water.

这段原文是对土壤颗粒内部分子构造的介绍，层次清晰，特点突出。在翻译过程中，如果能配合下图的直观展示，学生可以快速理清各个分子层间的关系与特点，减少翻译难度，最快地掌握专业知识，实现翻译目标（见图 3-1　土壤颗粒内部分子构造）。

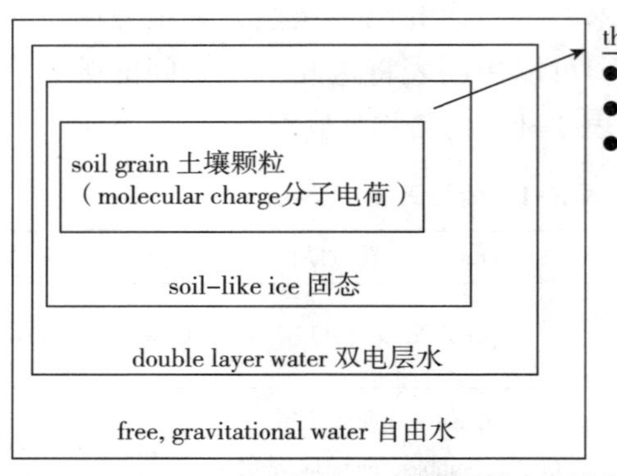

图 3-1　土壤颗粒内部分子构造

“土壤颗粒被层层水薄层所包围，这些水薄层被土壤颗粒的分子电荷所吸引，比起普通水具有较高的沸点、更低的冰点和更强的黏着性。距离颗粒中心较近的分子层像冰一样是固态的。随着与颗粒中心距离的增加，分子层的特性发生了改变，由固态向液态转化，变成了双电层水，并且最终变成了自由水或称重力水。”

3. 任务合作翻译

功能派翻译理论强调译者在翻译过程中发挥的主观能动性和文本受众对翻译过程的影响，这给科技专业英语课程的翻译带来了师生间、生生间合作翻译的可能。

因为教师身兼译者与教学者的双重角色，学生同时也身兼学习者和译者两种身份，从分析文本的功能类型到分析特殊文本的字词句段特点，再到具体翻译策略的选择和使用，译文回馈、评价、修改等，科技专业英语翻译课程完全可以以教师布置各个阶段任务、学生间合作讨论、师生间探讨总结为方式展开丰富多彩的任务型合作翻译，以达到良好的教学效果，实现教学目标。任务型合作翻译可以营造轻松的学习氛围，为积极学习提供有利的条件，减少焦虑感，使学生对翻译活动本身和所学科目产生兴趣。

4. 动态评价回馈

传统的翻译教学中对翻译结果的评价，教师要了解学生的翻译，指导学生的翻译只能靠批改他们的习作，而习作对学生而言本身就是思维产成品。要从产成品中推测出加工生产中具体什么环节出了问题似乎还有一定的难度。而教师如果像质量检验员那样只简单地指出其问题或纠正一下错误，那么类似的错误还会出现。功能派翻译理论提倡的自上而下的翻译过程，结合任务型合作翻译的模式，给课堂翻译效果评价带来了实现动态评价回馈的可能。

翻译过程是一个涉及多种选择的复杂过程，而每一次翻译行为及其参与者所做出的种种选择都是由诸多层次的目的决定的。根据翻译行为中各个任务阶段的划分，及时回馈学生完成情况难点，找出产生问题的具体层面，加以探讨与指正。作为译者和文本接受者的双重身份的学生在这样的动态反馈中能更好地将自己的想法和翻译中遇到的难点与同学、教师交流，逐步改善并提高翻译水平，实现译文的功能目的。

功能派翻译理论将翻译的外延扩大，将参与到翻译行为中的各方角色；各种为实现翻译目的而做出的翻译行为纳入一个完整的研究体系中，从文本的功能出发，通过对译者、读者等各种因素的全方位考虑，形成了多元多维度的翻译研究局面。莱思的文本类型理论和诺德的以原文分析和对翻译类型的分类为核心理念的功能加忠诚理论先从微观角度对专业英语课程的教材文本提出了细致研究再总结翻译技巧的指导方向；曼特瑞的翻译行为理论和弗米尔的翻译目的论从宏观角度对专业英语翻译教学的整个实施过程以及参与这个过程中的各个角色指明了进行具体分析再总结出切实可行的翻译教学方法的研究方向。这对专业英语的翻译教学有很强的实用指导意义。

第四章
英语翻译的教学发展

第一节　英语翻译教学的定位

一、英语翻译的实质

在探讨这一问题之前，首先必须指出的是，我们这里说的翻译是狭义的翻译，即两种不同规则的语言之间的翻译语际翻译，它不包括语内翻译和符际翻译。即便是这样，要想搞清翻译的实质仍非易事。原因很简单，那就是翻译活动太复杂了。因为翻译涉及了哲学、美学、思维科学、社会学、语言学、计算机科学等学科，其复杂性远远超出一般人的想象。正因如此，人们在论及翻译时，众说纷纭。有许多论者在从事翻译和翻译研究之前，在其他领域中已有了一定的建树，他们或是语言学家，或是文学家，或是哲学家，或是科学家，对翻译的认识无不打上了原专业的烙印，或以为翻译是科学，或以为翻译是艺术，或以为翻译是科学与艺术的结合体，莫衷一是，形形色色的定义或论述令初学翻译者不知谁是谁非。就是专事翻译专研翻译之士，也是仁者见仁，观点不一。以下是一些有代表性的翻译定义及论述，卡特福德认为“翻译是一种语言译出语的话语材料被另一种语言译入语中的对等的话语材料替代”，海德格尔认为“每种翻译都是解释，而所有的解释是翻译”，费道罗夫认为“翻译是一种创作活动”。

威尔斯认为“翻译是将源语话语变为尽可能等值的译语话语的过程”。纽马克认为“翻译既是科学，又是艺术”。董秋斯在《论翻译理论的建设》一文中，批评了“翻译是一种艺术”和“翻译是一种技术”的观点，认为翻译和翻译理论都是科学。哲学家贺麟认为“翻译乃是译者与原本之间的一种交往活动”。张经浩认为“翻译是把一种语言表达的意义用另一种语言表达出来”。如此众多的说法真让人眼花缭乱。但这些言论是否都切中了翻译的实质呢？翻译归根结底是人类的一项实践活动，它具有一切实践活动所具有的共性，即创造性，但同时它又有别于其他有创造性的活动，如文学创作、雕塑等，其不同之处表现在它是意义在不同语言间转换的实现。

考虑到语言的社会功用、信息传递、交际及语言与文化密不可分的关系，综合古今中外的译论，笔者认为翻译是译者设法将一种语言所传递的信息用另一种语言再现出来的跨文化交际活动。首先，翻译不是科学，因为任何事物本身、任何实践活动本身都不是科学，科学只是反映自然、社会、思维等的客观规律的分科的知识体系。其次，也不能笼统地说它是艺术，因为狭义的艺术指用形象反映现实的一种意识形态，如音乐、绘画就广义的艺术论，翻译只有在较好地体现了译者的创造力，体现了译者高超的语言转换技巧时，方可称为艺术，因为广义的艺术是指某种精湛的技能，技术不精也是不能称为艺术的。如某些初学者笨拙地死译、硬译如何称得上艺术。如果就翻译的创造性而论说翻译为艺术，那么就失去了命题的现实意义，因为所有的人类实践活动都具有创造性，我们可以说每一项实践活动都是艺术。关于翻译，为我国译界所熟知的尤金奈达先生，在经历了几十年的探索后，由原先认为翻译是一门科学，转而认为翻译、令人满意的好的翻译终归是一门艺术。但一般的翻译是不能冠之以艺术的，有时候翻译只是一种简单的、极易掌握的技能。

二、英语翻译课程的定位

目前，国内对英语专业本科翻译课程的定位大多是围绕“翻译教学”“教学翻译”展开讨论的，国内学者形成了两种截然不同的观点。例如，张美芳教授认为外语专业翻译课程属于“教学翻译”，其目的在于提高学生的外语水平；穆雷教授从学科定位、教学目的和教学重点三个方面，区分了“翻译教学”和“教学翻译”，认为“教学翻译”是附属于英语专业的教学，而“翻译教学”是附属于翻译专业的教学；刘和平教授则将外语专业翻译课程纳入翻译教学体系，认为“无论是否翻译专业，只要教授翻译，就不能改变翻译教学原则和教学内容，就应该根据职业翻译的内在特点和规律组织教学”。

（一）从我国翻译教学的历史看

我国的翻译教学大致可以分为三个阶段。第一阶段是从 1902 年京师同文馆的设立到 1949 年。据傅宏星考证，“专业翻译教学与大学发生关联，始于

1902 年。就在这一年，京师同文馆并入了京师大学堂，再经演变而成为京师大学堂译学馆”。从对京师同文馆的英语教学课程设置、教学方法以及毕业生的就业方向来看，翻译教学是其英语教学的主体，其教学目的以培养译员、外交官员为主。第二阶段是从 1949 年到 20 世纪 80 年代初。这一阶段的翻译教学很明显还是以培养译员为主要目的。例如，1955 年 6 月高等教育部召开了关于制定俄语专业统一教学计划的座谈会，提出三年制教学计划的培养目标是俄语翻译工作者，四年制教学计划的培养目标是俄语教师和俄语翻译工作者。第三阶段是从 20 世纪 80 年代末至今。翻译教学被分为三个层次：一是纯粹作为外语教学手段的教学翻译；二是作为外语专业课的翻译教学；三是作为翻译专业课的翻译专业教学。同时，因为翻译学的建立，开始出现翻译专业，并授予翻译学学士学位、硕士学位及博士学位。这时人们开始对外语专业的翻译课进行反思并重新定位，也就有了上文所提到的“翻译教学”与“教学翻译”之争。

纵观历史，可以看到翻译教学在外语类专业教学中一直占据着重要位置，甚至可以说在 20 世纪 80 年代以前，外语类专业的教学核心及最终目的就是发展学生的翻译能力，而不是以教学翻译的方式促进学生的外语语言能力。尽管现在的外语专业类教学理念、内容、方法和要求与过去都有很大的不同，但因为翻译教学有着深厚的历史沉淀，也有许多值得借鉴之处，因此现在的英语专业没必要因为翻译专业的出现，而极大地减少翻译课程设置，将有效的翻译教学降低到教学翻译的层次。相反，应该好好挖掘翻译教学的方法，结合英语专业的特点更科学地设置翻译课程，以提高翻译教学的质量。

（二）从我国翻译教学的现状看

在我国，翻译专业学科建设受重视较晚，独立学科成立时间较短，到 2007 年一共才有 17 所大学开办真正意义上的独立的本、硕翻译专业。从 2007 年开始，翻译专业建设有了强劲的发展；到 2018 年已经有 101 所大学开办了翻译专业本科。但相对于巨大的翻译市场而言，依然存在着人才缺口。国家外文局培训中心 2006 年资料显示，我国在岗聘任的翻译专业人员约 6 万人，翻译人才缺口高达 90% 。中国外文局翻译专业资格考评中心 2017 年数据显示，2017 年参加人事部翻译资格考试的人数累计报名超过 72 万人次，逾 8.7 万人次获得了翻译资格证书，也就是说在 14 年间，经过认证的翻译职业者只有8.7万人。随着我国“一带一路”倡议的提出与发展，对翻译人才的需求会更大。因此，今后相当长一段时期，大学外语院（系）本科生仍将是中国翻译人才的主要来源。这就要求必须改革英语专业本科翻译教学模式，以提高学生翻译能力为核心，为社会培养更多的初级翻译人才。

第二节　跨文化视域下英语翻译教学的改革与发展

一、英语教学的含义

1. 教学的定义

在了解英语教学的内涵之前，首先需要对教学这一概念进行了解和掌握。由于对教学的关注点不同，不同学者的定义也有所差异。

学者胡春洞认为，“教学”应该包含两个层面的关系：①教与学是一种并列的关系。②教学是一种教授学习的使动关系。从两个角度出发，能够看出教学的辩证关系和双向关系。教与学是息息相关的，教应该以学为基础，从学的角度出发，并以学为目标。教的规律和学的规律在一定程度上是统一的。

《朗文词典》（*Dictionary of Contemporary English*，2013）将teaching定义为：work，or profession of a teacher，也就是教书、教学的意思。此外，它还对teachings进行了阐述：that which are taught，esp. the moral，political，religious belief staught by a person of his topical importance，也就是“教导、学说、教义”的意思。可见，teaching与teachings是两个完全不同的概念。但是，这两个定义都没有全面覆盖“教学”的真正含义。综合上述关于教学的定义，教学应该包含三层含义，即教学（teaching）、教与学（teaching and learning）、教如何学习（teaching how to learn）。

2. 英语教学的定义

英语是我国的第二语言，因此缺乏一定的语言使用环境与使用对象，这就对英语教学提出了难题。可以说，英语教学能够直接影响学习者的英语水平和语言运用能力。

英语教学是一种教育活动。对教师而言，教学是引导学生学习的教育活动；而对学生来说，教学则是在教师的引导下的学习活动。学生是否得到发展是教学能否实现其目标的关键。教学是一个师生互动的过程，是教师教和学生学，师生共同完成预定任务的双边统一的活动。具体来说，英语教学的内涵主要体现在以下几个方面：

（1）英语教学是有目的的活动

英语教学的不同阶段有着不同的目标，而教学目标又具体分为不同的领域与层次。

（2）英语教学带有系统性和计划性

这种系统性主要体现在其制定者主要为教育行政机构、教研部门和学校的教学管理者等。英语教学的计划性指的是对英语基础知识的计划性教学，如英语语音、词汇、语法、写作、阅读等具体知识和技能的传递。

（3）英语教学需要采取合理的教学方法和教育技术

英语教学经过深厚的历史积淀，形成了大量有效的教学方法。现代科学技术，尤其是信息技术的发展，为英语教学提供了可以借助的多种教育技术。

综上所述，我们可以将英语教学的内涵概括为：教师依据一定的英语教学目的与教学目标，在有计划的系统性的过程中，借助一定的方法和技术，以传授英语知识为基础，促进学生整体素质发展的教与学相统一的教育活动。

3. 英语教学的本质

英语教学不仅是一种语言教学，同时也是一种文化教学。下面对这两个方面进行分析。

（1）英语教学是一种语言教学

英语是一种重要的国家交际语言，因此对英语的教学便是一种语言教学。语言教学的目的是培养学生使用语言的能力。对于中国人来说，英语作为第二语言，是一门外语，英语教学也就是外语教学。从人类英语教学的发展历史来看，英语教学离不开外语知识教学，以外语知识为基础的英语教学有利于学生外语运用能力的培养。因此，英语教学作为语言教学，其本质应该是培养学生综合运用英语的能力。

需要特别指出的是，一些以学习语言知识而进行专门研究的语言教学并不以运用语言为目的，因此对其的教学并不属于语言教学的范畴，如古希腊语的研究、古汉语的研究等。这些语言在当今社会几乎不再使用，因此这种语言学习需要和语言教学区分开。

（2）英语教学是一种文化教学

文化孕育语言，语言反映文化，二者有着密切的联系。在进行英语教学的过程中，不仅需要让学习者了解基本的语言知识，同时也需要培养和提高其英语思维能力，以便于日后的语言使用。从这个意义上说，英语教学也是一种文化教学。

二、英语教学改革的历程

1. 大学英语教学发展的第一和第二阶段

中华人民共和国成立后至 1978 年是大学英语教学发展的第一阶段。此阶段的大学英语课一直被称作“公共英语课”。大学英语教学发展的第二个阶段是从 1978 年至 1984 年。第二阶段的英语教学发展历程主要有：大学英语教学开始逐渐恢复，教育部召开了全国性的外语座谈会并形成了《加强外语教育的几点意见》，大学英语教学开始步入正轨，既开展了公共英语教师培训计划，又设立了公共英语教师的培训中心，成立了高等院校理工科公共外语教材编审委员会，编写了教学大纲和通用教材，成立了中国公共英语教学研究会。

2. 大学英语教学发展的第三阶段

从 1985 年至 2001 年是大学英语教学发展的第三个阶段。此阶段的英语教育事业取得了长足的进步，具体体现在以下两个方面：①教育部颁布了《大学英语教学大纲（高等学校理工科本科用）》，从此，“公共英语”这个名称逐渐被“大学英语”所取代；成立了大学外语教材编审委员会，并设立了大学英语编审组，之后又成立了高等学校大学英语教学指导委员会；这一阶段还出版了大学英语教材以及《大学英语教学大纲词汇表》，如杨惠中和张彦斌的《大学核心英语》、董亚芬的《大学英语》等。②相继出版了《大学英语教学大纲通用词汇表（1~4 级）》和《大学英语教学大纲通用词汇表（5~6 级）》，同时成立了大学英语四、六级标准考试设计组，这对大学英语教学及其改革影响极大。为了更好地推动大学英语教学的发展，大学英语四、六级考试也在进行着不同程度的改革。

3. 大学英语教学发展的第四阶段

大学英语教学发展的第四阶段是从 2002 年至今。随着我国各项事业的蓬勃发展，这一阶段的英语教育事业也进入了鼎盛时期，特别是为了解决高校不断扩招引发的各种问题和挑战，大学英语教学改革又迈出了坚实而有力的

步伐。这一阶段，经过不断地修订和改善，最终制定了《大学英语课程教学要求》；启动了包括“大学英语网络课程”在内的“高等学校教学质量和教学改革工程”和“新世纪网络课程建设工程”；实施了基于计算机和课堂的新型英语教学模式，诸多大型出版社共同开发了“大学英语教学软件”；教育部还设立了大学英语教学改革联络办公室，并创办了“开创英语新时代”网站，为大学英语教学改革交流提供了重要的平台。

三、大学英语教学改革的新方向

大学英语教学改革是以人类文化交流与融合的必然性为前提进行的。大学英语教学扩大了文化交流的时间和空间，文化生成与发展的最本质内容即交流。因此，在当代文化交流与融合的背景下，纯工具理性取向的大学英语教学应该向工具性与人文性相结合的教学转化。

1. 改革与创新教材

教材是实施英语教学的重要资源，因而教材的革新在某种程度上关系着整个教学改革的效果。如何确保大学英语教学中跨文化的含金量，体现该学科的跨文化特点，是一个重要的课题。据统计，西方许多发达国家的学校都为学生开设了跨文化课程，如美国许多学校都开设有跨文化教育与研讨、跨文化的教育哲学、多元社会中的教育等课程，还有一些学校开设有关于非西方文化的课程，向学生介绍亚非拉、南美国家的文化背景、地理环境及政治经济等。所以在教材编撰方面，应尽可能考虑把最新的涉及国内外的、有代表性的跨文化内容或相关事件编写进去。同时也应考虑教材所适用的学生群体，根据其民族特点来编写其中的部分章节，即分类编写，分类使用，分期更新，以教材的“多样性”来体现内容的“多元化”。这样可使教材不断推陈出新、与时俱进、符合实际，更好地为大学英语教学提供优质的知识资源，更好地让学生的知识学习与社会的发展接轨，从而有利于学生的就业。

2. 改革与创新教学内容

在以往教学模式当中，教师具备完全支配课堂的权力，这对于传授语言知识有着十分积极的作用，但是教师对教学的另一个方面没有给予应有的重视，也就是学生学习外语时会受到许多因素的影响，这里包含情感方面的因素和输入质量以及数量，还有学习策略等，所以，必须转变教学观点。在进行教学的过程中，必须培养学生的兴趣，同时增强学生的信心，使其拥有正确的学习动机。并且，在课内以及课外，应该适当地给学生提供语言交流的环境，给学生创造使用语言的机会。最主要的是，课堂内容方面也要进行适当的调整，包含学习策略培养和提升学生自主学习能力等方面。教师必须对语言和文化含义进行良好的传授，同时在教学实践中加入一些文化背景知识。这样既能够增加学生对本国文化的理解和认知，也可以培养学生的世界意识，使学生对语言有一个更加全面的把握。文化教学本来就属于一个十分敏感的话题，跨文化教学不可以只是简单地理解成将西方文化导入英语教学中，应该将异域文化知识融合到教学特点以及原则当中进行良好的掌控，尽量给学生正确看待世界各个民族文化提供帮助。在教学过程中将西方语言文化含义加入其中，从而给学生解决文化障碍提供帮助。英语教学不能缺少文化教育，原因在于大学时期还属于学生学习语言比较敏感的时期，教师只需要正确引导和传递文化教育意识，便能够触发学生学习兴趣，使学生潜在的文化意识得到提升，并且使学生跨文化交际的能力得到培养。

3. 改革与创新教学模式：构建“线上+线下”教学模式

随着现代信息技术发展，多媒体与网络教学技术、开放网络教学基地与网络教研系统等被纷纷采用。然而不少教师对网络教学模式还很陌生，仍沿用传统教学手段，极大地影响了教学效率。网络教学模式不仅是对现代信息技术的有效应用，更是一种将课堂教学与网络技术有效结合、提高教学效率的新型教学模式。教师应构建网络教学形式，采用“线上+线下”的模式，以网络教学促进英语教学的信息化发展，从而提高培养大学生跨文化交际能力的效率。

首先，教师在教学中应充分应用多媒体辅助教学技术，让学生切身感受到不同介质的文化艺术的表现方式和不同民族的文化内涵，从而加深学生对跨文化的理解，同时促进大学英语学习成效的提高。教师可适当将西方历史文化、民族特色文化等影像资料纳入教学，让学生对跨文化产生直观且深刻的印象。

其次，教师应利用学校网络教学系统，将有关跨文化交际方面的教学资源上传并共享给学生，让学生课余时间根据需要浏览、筛选学习内容。教师还可布置任务，让学生利用网络技术观看与文化交际相关的电影、电视、录像等音像资料，要求学生通过观看音像内容，学习并掌握有关语言和非语言交流手段，并就学习心得制作 PPT 并上传至网络系统，教师再选取优秀作品进行课堂示范，提高学生的学习积极性。

最后，学校通过网络教学模式构建学生评教平台，让学生对教师的跨文化交际能力培养教学进行客观评价并提出意见和建议，不断完善以培养学生跨文化交际能力为目的的教学策略。

4. 改革教学方式方法

通过播放英语电影和电视以及录像，让学生直观地感受跨文化生活，提升学生对于英语学习的兴趣，让学生感受并且适应现代英语当中的多种题材；在课前或者是课间休息时给学生播放一些好听的英文歌曲，同时让学生填写歌词，使学生在听觉享受的同时锻炼听力和单词拼写；还可以让学生听一些英文广播节目，获得新词汇；每学期都应该邀请外交官到班级当中做中外文化差异方面的讲座；让学生阅读那些能够体现外国文化的英语书籍等，提升学生对英语文化的理解程度，增强学生对英语的了解和欣赏能力。在规定期限内组织一些英语活动，在布置教室时使用英语标识，使学生在教室中能够感受到英语学习的气氛，使学习和特定的社会文化背景，也就是情境相互联系起来。交际教学法是将社会和心理语言学理论当作基础，将交际功能当作目标的教学方法。社会语言学认为，语言的社会交际功能是它最根本的功能，也就是说语言的基本作用就是满足人的交际和交往。学习一种语言规则系统的目的，均是想要使用这种语言在特定的场合下进行表达，所以，教师要将培养学生语言交际能力作为根本目标，注重语言在交际过程中、在特定场合下的得体使用。

5. 改革与创新评价机制

评价机制的改革就是评价机制由传统的终结性评价向形成性评价的转变。终结性评价缺乏对教学过程和学生综合能力、素质等发展过程的客观公正评价，只关注学生在特定时间地点下考核的状态，不利于教师了解学生知识掌握和技能培养的关键信息，不利于教师监控学生的学习进展，从而对教师的教学计划安排有负面影响。相反，形成性评价不仅对学生语言知识进行评价，还对学生语言技能、学习兴趣、学习情感与学习策略进行评价，以达到监控学生知识与技能掌握进展及程度的目的。具体可采用：测试性评价，包括学业成绩测试（检验学生是否掌握大纲内容）、水平测试（测试学生英语水平，学校可结合实际自定大纲）、诊断测试（发现学生问题，帮助教师及时了解学生，为学生答疑解惑，调整教学计划等）。非测试性评价，包括课堂观察（语言使用、活动参与等）、学习档案（学生为主体，和教师一起参与对自己学习情况的监控和反思，培养自主学习能力）、面谈（了解学生学习态度、情感、学习策略及语言知识等）、实习评价（指在学生生活和学习的情境里，通过对学生完成实际作业表现的观察，依靠专业判断，对学生学业成就进行整体判断的教学评价方式)。由此可见，改革评价机制，是大学英语教学改革的重要内容之一。

四、跨文化视域下的英语翻译教学改革

我国英语教学经过几十年的发展，已经取得了可喜的成绩，在教与学这两方面的改革都取得了很大的进步。随着社会的发展，社会各界对学生的英语水平尤其是英语综合运用能力提出了更高的要求。尤其是在跨文化交际背景下，社会需要更多具有国际视野、能参与国际事务的高素质英语人才。因此，英语教学要想适应时代需求，必须不断与时俱进，不断进行改革与创新。本章就对跨文化视域下英语教学的改革与发展问题进行阐述。

（一）教学观念的改革

培养学生的听、说、读、写、译能力一直都是英语教学的目标。但在跨文化的理念下，英语教学的目标有所改变，在这一理念下，英语教学的目标是培养学生的语言综合应用能力，尤其是学生听说能力的培养，使他们在今后的工作和社会交往中能用英语顺利地进行口头和书面上的交流，同时培养学生的自主学习能力，增强学生的综合文化素养。所以，英语教学的改革首先应在观念上改革，观念上的改革要实现两方面的改革：一是教学目标的改革，即从原来的以阅读为主向以听说为主转变，提高学生的综合运用能力；二是教学主体的改革，即教学主体从以教师为主向以学生为主体转变。

1. 教学目标的改革

改革教学目标的必要性和重要性是不言而喻的。自改革开放以来，社会对人才和需求不断发生变化，英语教学目标也不断进行调整。1986 年提出的目标是：培养学生具有较强的阅读能力、一定听的能力、初步的写和说的能力，使学生能以英语为工具，获取专业所需的信息，并为进一步提高英语水平打下较好的基础。1999 年提出的目标是：培养学生具有较强的阅读能力和一定的听、说、写、译能力，使他们能用英语交流信息，英语教学能帮助学生打下扎实的语言基础，掌握良好的语言学习方法，提高文化素养，以适应社会发展和经济建设的需要，2004 年提出的目标是：培养学生英语综合应用能力，特别是听说能力，使他们在今后工作和社会交往中能用英语有效地进行口头和书面的信息交流，同时增强其自主学习能力，提高综合文化素

养，以适应我国经济发展和国际交流的需要。

很多学者都曾强调过，英语教学应加大口语和写作教学的力度，在教学观念上切实做到从知识的传授转向能力培养。实践上，教学中的知识传授与能力的培养并不是完全独立、截然分开的，而是相辅相成、融为一体的。英语知识并非单纯的语音、词汇和语法知识，它还包含各类文化知识以及学生从自身体悟中获取的经验形态的知识等，它是一个既综合又统一的系统。许多学校都强调以培养学生的综合应用能力为目标，但这并不意味着知识的传授无关紧要，相反，知识的传授是实现目标的重要途径和手段，如果没有知识的传授，教学目标也只是空谈。因为学习任何一门语言都需要知识来做基础，如果没有知识这一基础，运用也就不可能生成。只有学习和掌握一定的基础知识，将知识内化为稳定的内在素质，形成一定的素质结构，综合运用语言的能力才有可能产生。所以，在改革教学观念的过程中，首先要处理好知识、素质、能力三者的关系，并认识到知识的学习是基础，能力的培养是关键，学生综合素质的提高是目的。

虽然诸多学者都强调能力的培养，但这并不意味着就要忽略读写能力的培养。在语言学习的过程中，需要大量的语言输入，并通过内部系统的加工，进一步转换为一定程度的外部语言，其中阅读就是外部输入的重要途径，如果没有大量的阅读，也就不可能提高英语的阅读能力。所以，英语中的听、说、读、写、译五项技能是紧密相连、相辅相成的有机整体，在强调听说能力培养的同时，要注重读写译能力的培养。

2. 教学主体的改革

众所周知，在传统的英语教学中，教师一直占据着课堂的主体地位，扮演着演员的角色，而学生只是被动的接受者，扮演的只是观众的角色，在课堂上不需要进行太多的思考、分析、判断、总结，这些都由教师来完成。这种状态下的教学是机械地背诵和记忆的过程，学习也是静止的。这种以教师为中心的教学不仅挫伤了学生学习的积极性，使学生不能在课堂上保持一个很好的精神状态，而且使学生逐渐养成了对教师依赖的不良习惯，不能积极地进行自主学习。这样的教学不但不能明确学生的主体地位，还会使学生丧失进行语言实践的机会，最终只能使学生学到“哑巴英语”。

现代英语教学思想已经发生转变，从以教师为教学的主体向以学生为教学的主体转变。在这种转变下，教师不再充当演员的角色，而是改为充当导演的角色，主要组织、引导和指导学生的学习；学生成为教学活动的主体，是教学活动的出发点，位于教学活动的中心地位。在以学生为主体的教学中，教师不仅要教授学生关于语言学习的规律和方法，更重要的是引导和启发学生积极地思考，培养学生的主动获取知识的能力和自主学习能力，切实做到整个教学活动以学生为中心。

在以学生为主体的教学理念下，“学教并重”教学模式和“主导—主体”教学模式开始提出，并受到人们的重视。“学教并重”，就是既重视教师的教，也重视学生的学，也就是在教师教的基础上，以学生为中心，培养学生的综合语言能力。教学中虽然突出学生的主体地位，但并不意味着教师的作用就可以忽略，只有在教师教的基础上，才有可能提高学生的自主学习能力。“主导—主体”中的“主导”指的是教师的主导作用，“主体”指的是学生的认知主体作用，这一教学模式强调教学中既要发挥教师的主导作用，又要体现学生的认知主体作用。

（二）教学内容的改革

教学内容的改革可以从以下两个方面着手。

1. 帮助学生构建个性化的英语语言体系

英语教学改革的主要目的之一就是提高学生内化英语的语言能力。输入和输出是语言学习的两个方面，就外语而言，包括听、说、读、写、译五项基本技能。针对中国学生而言，阅读就是翻译，或者说翻译是阅读理解的一种外化形式。这五项基本技能密切联系，相辅相成，相互统一，而支配这五种技能的就是笼统而庞大的英语语言体系。

英语语言体系指的是由语音、词汇、语法、文化、语境等要素构成的有机系统。多数人都认为，研究和掌握语言体系应是英语语言学家、语法学家或教师的任务。实际上，语言体系存在于每一个语言使用者中。针对某一具体语言而言，既有广义的语言体系，又有狭义的语言体系。日常的交际中，人们是以广义的语言体系为背景，用各自的个性化语言来进行交际。而语言学习就是学习者构建个性化语言体系的过程。所以，英语教学应帮助学生构建自己的个性化的英语语言体系，并将其作为英语教学的主要内容。也就是在具体的教学过程中，教师应全面、细致地揭示语言体系的要素以及各要素之间的关系，并指导和帮助学生加以掌握，使学生在听、说、读、写、译等语言实践中理解、体验和验证英语语言体系、体系各要素之间的有机联系，进而使学生实现语言知识的内化，使学生掌握灵活运用语言的能力。

2. 注重教学内容的更新

当今社会不断进步，科技不断创新飞跃，知识呈现出“爆炸性”的增长，与之密切相关的教学内容也要不断更新和发展。在这一大环境下，英语教学内容的改革和更新首先要注意教学内容的外延式更新与内涵式更新相结合，也就是说要重视“学得”与“习得”的相结合。所谓外延更新，就是通过增加教学时数、课程门数、教学容量等手段更新教学内容。如果缺乏足够的语言信息输入，那么大量的语言信息输出也就不可能实现。大量的语言输入以及良好的学习环境对外语学习来讲十分重要。增加教学内容的数量与容量，其目的就是为学生创造一个良好的语言环境，使学生在英语的海洋中遨游，让学生自然地吸收语言。但外延式更新还不足以提高学生的语言能力，还需要内涵式更新。所谓内涵式更新是指将知识分割、分解，按照教学培养目标和一定的思想逻辑，合理地重组优化，缓解个体接收时的压力。内涵式更新注重语言知识在整体上融会贯通的能力，重点从存在于语言表达内部的规律、知识之间的内在联系、构建完整的知识结构体系的角度来进行更新。外延式更新与内涵式更新两者紧密结合，才能使学生的整体语言素质得到真正意义上的提高。因为如果没有足够的词汇量，流畅的表达也就不可能实现，但只注重量的积累，而不将知识内化为运用外语思维进行表达的能力，其结果也只能是使学生变为储存单词的容器。

（三）教学方法的改革

英语教学改革的关键环节之一就是善用教学方法。运用于英语教学中的教学方法有很多种，如语法—翻译法、直接法、听说法、认知法、交际法、自然法、暗示法等，每一种教学方法都对英语教学的理论和实践的发展作出了重要的贡献。

这些教学方法都是不同时期不同教学理论的产物，一方面丰富和充实了英语教学的体系；另一方面过分强调了某一侧面，各有所长，又各有缺陷。近年来，一些国外的教学方法开始引进到我国，这些新的教学方法为我国英语教学注入了新的活力的同时，拓展了我国英语教师的视野。广大教师也开始积极地投身到教学方法的改革、研究和实践中。但在积极实践国外引进的教学方法的同时，许多教师感觉心有余而力不足，使英语教学的研究和实践陷入新的困境。这就要求教师在面对不断更新的教学方法时，要保持清晰的头脑，不能为了赶时髦而盲目推崇某一种教学方法，摒弃那些行之有效的教学方法。教师应根据教学和学生的具体情况，综合采用各种教学方法中最为行之有效的部分。

1. 采用多种教学方法，启发学生思维

生动活泼的课堂教学对于学生来讲，更容易吸引他们的注意力，也更容易使其全身心地投入课堂学习当中，因此作为课堂教学的主导者，教师应根据教材的不同内容，选用各种教学方法以调动学生的积极性，激发学生积极思维，提高学习效率。例如，在教授一篇介绍英国伦敦的文章时，由于文章内容比较简单，大多数学生经过预习后都能够看懂，如果单纯地按照课文的顺序平铺直叙地讲解，根本不能激发学生的积极性，也很容易造成学生注意力的分散。因此，在讲授这样的文章时，教师可以利用一幅英国地图来简单地介绍背景知识，首先集中学生的注意力，然后再转入课文，即对首都伦敦做介绍。在介绍课文时，教师也不能照本宣科，而应采用归纳法对有关伦敦的信息进行归纳总结，然后引导学生对伦敦的情况进行逐步分析。这样，既可以吸引学生的注意力，激发学生的兴趣，还能达到英语教学的目的。

（1）了解学生的语言基础

教师教学的主要对象是学生，因此教师要对学生的情况有所了解，以做到因材施教，其中教师应了解的情况主要包括学生对知识的掌握情况，学生的知识水平以及学生的语言能力等。了解了学生的大体情况，教师在课堂教学以及课堂提问中，就能做到有针对性，可以针对难易不同的问题找不同的学生回答，进而在课堂上让每一个学生都有机会参与，让他们在活跃轻松的课堂氛围下学习。例如，对于一些目的在于检查学生对所学材料的理解和掌握程度的问题，可以提问一些基础水平较差的学生，如果这些学生能顺利回答，则说明全班大部分学生对所讲的内容已经基本掌握。对于一些具有创造和扩展性的问题，可以让学习比较优秀的学生来回答，因为要回答这类问题需具有一定的口头表达能力和语言综合能力。同时，在提问的过程中不要冷落那些学习一般的学生，对于这类学生，教师可以为他们准备一些较为简单的判断题，或是一些可以在书本中直接找到答案的问题以树立他们的自信心，激发他们学习的兴趣。

（2）采用启发式教学方法

在课堂教学中，首先教师要注意采用启发式的教学方式，以激发学生学习的积极性，调动学生的主观能动性，唤起学生求知欲，引发学生产生疑问，提出问题，促使学生积极思考，使学生置身于教学活动当中，进而培养

学生思考问题和分析问题的能力。同时，为了使学生完全掌握课堂教学的内容，教师对教学中的各个环节进行缜密的思考，安排好课堂教学的各个步骤和细节，并估计和预计教学活动的发展情况，为可能出现的各种问题做好充分的思想准备。

（3）正确对待学生的错误

在语言的交流过程中，学生出现错误是不可避免的，如何对待学习过程中学生出现的错误，存在着不同的观点。行为主义心理学认为，语言学习是个刺激—反应的训练，应有错必纠，以便形成正确使用语言的动力定型。功能派心理学认为，学生在使用语言进行交流的时候，出现错误是很正常的现象，这种错误出现属于不完善语言向完善语言的过渡，没有必要纠正，在以后的语言交际活动中，这类错误会逐渐纠正，在不影响整体理解的前提下可大胆放手。针对上述两种观点，在学生语言交流过程中，教师应尽量避免过多纠正学生出现的错误。如果学生的交际不断地被教师打断，学生就会产生心理负担，积极性也会受挫，进而产生自卑感。所以，我们主张，对于学生一些不影响交际和理解的错误，教师应采取宽容的态度，不要纠错。对于影响交际和理解的错误，教师应视具体情况加以引导。为了避免打击学生的积极性，教师还可以采用自由纠正的方法来对待学生的错误，即让学生意识到自己的错误，然后自己纠正错误。

2. 通过英语游戏、竞赛的方法激发学生的兴趣

经心理学家证实，兴趣在学生的学习中扮演着重要的角色，它往往成为学生乐于刻苦钻研、攻克难点的强大动力。因此，教师在教学的过程中，应始终重视这一问题。教师可在教学中采用英语游戏和英语竞赛的形式，因为英语游戏和竞赛能有效增加学生学习英语的兴趣和信心，利于培养学生开口的习惯和能力，而且有助于促进学生积极思维。同时，游戏可以缓解课堂气氛，消除学生的疲劳感，形成轻松和谐的课堂氛围。

此外，教师可以充分利用课前、课间休息或临下课几分钟时间，在这些时间里为学生播放一些优美的英语歌曲，并把留有空格的歌词印发给学生，让学生填空。这样不仅可以活跃气氛，消除学生的疲劳感，还能训练学生听力和语音。

从本质上来看，英语教学的过程就是教师引导学生利用语言进行交际的过程，因此教师要严格要求自己，要以自己满腔的热情、充沛的精力以及认真的态度去感染学生，使学生积极地参与各种活动，最终达到交际的目的。

五、跨文化视域下的英语翻译教学发展

（一）重视多媒体教学

在英语教学中，许多教师都认识到了多媒体技术的重要性。然而，要利用多媒体技术实现英语课堂教学中教育理念、教学内容和教学方法体系上的全面突破，需要建立在英语教学中应用多媒体技术的基本理念。以多媒体技术为手段，实现教学资源、教学过程、教学效果的优化是创设真实环境的最佳途径，其可以对声音、动画、图像、色彩等进行组合和运用，增强教学的形象性和直观性，从而有效帮助学生对所学语言国家的文化有一个真实的了解和感受。

1. 利用多媒体创造学生运用语言的情境

英语教学的目的是培养学生运用英语的能力，这种语言交际能力和技能的获得，必须通过大量反复的语言实践。实践的最好途径是通过将学生置于一定的语言环境中练习、运用语言，而一般的中国学生学习英语，缺乏真实的语言环境，缺乏真实的语言输入。传统的教学方法也无法充分做到这一点。而多媒体技术通过设计与教学内容相关、图文声像并茂、形式活泼的情境，创造出有利于学生探索、发现、收集和分析情境中的相关知识，从而使学生在英语学习的过程中，各种感官受到刺激，有效提高他们的语言运用能力。

2. 突出学生的学习主体地位

学生是学习活动的主体，学生学习的能动性和主动性应该得到充分的发挥。多媒体技术的应用为调动学生的学习积极性，发挥他们的主体作用提供了条件。多媒体通过充分利用文、声、图等多种手段，为学生提供虚拟课堂讨论、角色扮演、游戏、实际实习和反馈等多种方式，让学生能动地、主动地、积极地参与学习。

另外，学生可以通过网络上的资源训练英语听力、选择合适的英语精读与泛读材料、与外国人进行直接交谈等。可见，多媒体技术的运用有利于突出学生的主体地位，在未来的英语教学中，教师应该充分发挥多媒体技术的这一优势。

3. 因材施教，鼓励个性发展

教师面向的全体学生是由不同特点的个体所组成的，在以往的教学过程

中很难实现真正的因材施教。而多媒体技术的应用则使因材施教的实现变得可能，为发展学生的个性提供了更大的空间。首先，多媒体技术的运用降低了学生在传统教室里的那种束缚感，减少了师生交流的距离感，有利于教师对学生进行指导。其次，在多媒体教学下，丰富多彩的人机交互方式使学习的过程不再呆板枯燥，而是妙趣横生。学生学习英语的兴趣被极大地激发起来，并且可以根据个人的基础或根据教师和计算机测试后提出的建议，自主地决定学习进程和学习策略。换句话说，学生学习英语由被动接受转变为主动参与。

4. 养成良好的学习行为，为终身学习打下基础

多媒体教学为学生创造了更多的课堂讨论、角色扮演、游戏等机会，学生之间的交互作用加强。教师应使每个学生都积极参与，主动交流，相互吸收，使他们学会合作，学会共处，有效地培养学生的协作精神与合作能力。由于多媒体技术在教学中的应用，学生得到了更多的合作机会和主动学习的机会，这有利于培养学生的合作精神与主动学习精神。此外，在科技飞速发展、知识急速增长的社会中，任何人要跟上时代的步伐，就必须不断学习新的劳动技能，而终身学习是达到这一目的的唯一途径。主动学习的精神和善于学习的方法对具有终身学习观的人来说是不可或缺的，而多媒体和网络的存在为实现终身学习提供了巨大的便利。在英语教学中，教师应该指导学生使用好互联网这个工具，为学生学习英语创造完全自由、自主的空间，激发学生自主学习的机会，培养学生良好的学习自觉性、自主性和创造能力。

5. 营造文化氛围

众所周知，语言的使用是在一定的社会环境中进行的。建构主义认为，人是知识的建构者和积极探索者，知识的建构需要人与环境的交互才能完成。创设情境是建构意义的必然前提，尤其是真实情境的创建。教师应该创设信息丰富的环境，为学生提供更为真实的语言情境和语言信息输入，使学生能够真实、自然地学习语言。多媒体技术的发展为建构主义学习理论的推行和实施创设了良好的环境。

由于多媒体技术具有传输快、信息容量大、效率高等特点，因此在课堂教学中，运用多媒体技术能够使信息展示的方式更具多模态化，能在有限的时间内为学生提供更大容量的学习资源。这是目的语文化输入的重要和有效途径。同时，当学生置身于真实的情境中，能够亲身体验目的语文化的美，体验目的语文化的新奇和快乐，在体验中增强对目的语文化的理解和认

知，从而激发学生学习目的语文化的积极性和主动性。也就是说，学生在快乐学习目的语文化的同时提升了自己的跨文化交际能力。

另外，教师可以让学生参与一些“英语夏令营”“语言学习示范中心”等活动，这是英语学习的第二平台，能使学生将课堂上学习的知识运用到具体的实践中提升其跨文化交际能力和英语应用能力。

（二）重视课外教学

1. 课外教学的原则

（1）循序渐进原则

设置英语课外活动应坚持循序渐进、先易后难、先少后多的原则。具体来说，课外活动刚开始的时候，形式和内容都应比较简单。随着活动的开展，逐渐加大内容的难度，形式也逐渐多样化。学生通过克服不同程度的困难，完成不同形式的任务，会享受到成功的喜悦，并逐渐树立起自信心。如果一开始学生就因过于复杂的课外活动受到挫折，他们很难感觉到成功带来的喜悦，也会很快失去信心，丧失主动性，甚至产生自卑的心理。这样，英语课外活动就违背了它的初衷，很难再进行下去，也不利于学生的身心发展。

（2）因材施教原则

传统的课堂教学只能保证大多数学生学习大体上相同的知识和技能，但难以兼顾每个学生的具体情况。例如，有些学生性格内向、胆小、害羞、不善言辞，即使有某种特长，也很难以表现和发挥。而英语课外活动比课堂教学的内容更丰富、形式更多样，因此英语课外活动应弥补课堂教学的这一缺陷，采取各种措施，使每个学生的潜能都得到发掘。例如，学校可以根据实际情况举办英语晚会，如讲故事、唱英文歌、表演对话等。在举办活动中，尽量保证每个学生都有展示自己才能的机会。

（3）自愿参加原则

英语课堂教学具有一定的强制性，要求每名学生都必须按规定上课，而课外活动则不具备强制性，教师不能强迫学生参加，应本着自愿的原则进行。学生自己或者在教师的帮助下设置的各种课外活动项目，不同于教学计划中所设置的各个必修和选修科目，学生有主动选择性，他们可以根据自己的爱好等实际情况选择课外活动项目。

（4）与课堂教学相结合原则

英语教学的基本组织形式就是课堂教学，而且学生的英语基础知识也主要是通过课堂教学来掌握的。而英语课外活动则是课堂教学的延伸和补充，旨在巩固课堂上所获得的知识和进一步发展学生听、说、读、写各项基本技能，培养学生英语实际运用的能力。因此，教师组织学生进行课外活动时，应注意将课外活动和课堂教学实际紧密联系起来，以课堂教学为基础，传递新知识、新信息，拓宽学生视野，扩大知识领域。例如，在学习美国文学时，教师可以首先通过生动活泼的形式介绍美国的历史、文化背景、风俗习惯等，激发学生的兴趣和热情，使学生在轻松愉快的环境里学习课堂上的知识。

（5）思想性与趣味性相结合原则

在课堂之外实施各种形式的英语课外活动应具有高度的思想性，寓德育于活动中。英语课外活动应该健康向上，这样有利于学生思想品德的提高。同时，各种课外活动应该富有趣味性内容，通过这些有趣味性内容的各种课外活动，引发学生的好奇心，激发他们的兴趣，吸引他们参加到活动中。

（6）及时总结与反馈原则

英语课外活动结束以后，应注意进行全面的总结，这对课外活动再次开展十分有利。总结的形式有很多种，如在各种形式的英语竞赛之后，算出成绩，排出名次，实行对优胜者进行奖励的政策。然后再由教师或评委认真总结，肯定成绩，作出表扬，同时指出存在的问题，纠正错误。此外，每次活动后，教师应对活动的开展情况做书面总结，总结经验教训，提出改进方法。

2. 课外教学的组织形式

（1）组织英语竞赛

英语竞赛是检测学生所学成效，同时激发学生英语学习热情的有效手段，是开展最为广泛的英语课外活动形式之一。竞赛的主要形式有朗读竞赛、讲演（讲故事）竞赛、歌咏竞赛、英语作文比赛等。

开展竞赛活动之前的动员工作很重要，尤其是对那些性格内向、胆小、容易害羞的学生，可以鼓励他们报名参加一些较为简单的课外活动，让他们在一次次的成功中逐渐树立起自信心，然后参与复杂度和难度较高的活动。另外，在竞赛前，要向全体学生宣布竞赛的项目、日期和要求。在准备过程中，教师还应帮助学生选材、审稿，并进行辅导，以帮助他们克服缺点，提高运用英语的技巧。为了培养学生的组织管理能力，可以由学生轮流担任竞赛活动的主持等工作。竞赛会由学校领导主持，由教师组成评判委员会，并订出评分标准。比赛结束后，当即算出成绩，排出名次，奖励优胜者。授奖后由评委会进行总结，肯定成绩，指出存在的问题和今后努力的方向。

（2）学习报告会、学习经验交流会

英语学习报告会、学习经验交流会主要有以下几种形式。①组织本校优秀学生介绍自己学习英语的方法，或者请本校的毕业生结合自己的工作实际介绍学习英语的经验。②请本校和外校的优秀教师做有关英语学习技巧的报告。和优秀教师面对面交流，请他们解答学生提出的问题。③经常邀请专家、学者、教授来学校做报告。④请外籍教师到本校做有关英语国家的历史、地理、风俗习惯和学习工作生活等方面的报告。

英语学习报告会、学习经验交流会对端正学生学习态度、改进学习方法、开阔眼界、增进对英语国家人民的了解、提高学习效果有很好的作用。

（3）会话小组

会话小组可有效提高学生的听说能力。活动可以每隔一两周开展一次，也可根据每个学校的实际情况而定。会话的题材要选择那些日常生活中十分熟悉的事情。设计会话的场合和情景时，应注意多样化。

会话小组活动的主要内容是英语游戏，英语游戏是发展口语技巧和巩固词汇、语法，训练发音的有效手段。它不仅是课外活动的主要形式，有时也可在课堂上应用。它可以缓和课堂上的紧张气氛，有助于消除学生的疲劳，还能激发学生的兴趣。通常英语游戏是带有比赛性质的，学生潜在的竞争意识可以使他们积极思维，并有助于克服腼腆羞怯的心理障碍，从而确立他们的信心。下面介绍几种常见的英语游戏，在做游戏的时候，可以锻炼学生的英语实际应用能力。

①对话。方法：在新视野大学英语视听说教程第一册里有 speaking out 这部分，里面有 3 个对话。例如在 Unit 1 里的第一个对话“It’s nice to meet you”，教师可以先讲些英语国家的文化背景（以英语为母语的人，特别是美国人，除了在正式场合，一般打招呼都是很随意的），然后播放一个对话的视频，让学生们看完视频后一对对在底下练习，教师在教室里巡视指导，学生练习好了以后站起来表演。对于表演好的学生给予表扬或者平时分的奖励，对于表演差的或者是害羞的同学，要鼓励其勇于开口，不怕犯错。由于教材里面的视频真实，贴近大学生的生活，语言生动有趣，所以大多数的学生都踊跃参加到课堂活动里来。每个对话里还要根据第二部分的情境编一个对话，最后进行表演。结合背景情况，为了融通文化及翻译教学，可以让学生分组进行汉语翻译之后的对话表演。

②英语话剧表演。方法：提前给学生布置课后作业，学生可以自动分组，一组 4~6 人，各自准备材料表演话剧，留给学生充分的时间准备（5~10 天，分开汉语翻译组和英语原语组），在下次课时轮流上台表演。鼓励学生充分发挥想象力，也可自备道具。课上进行表演时教师应记录下每组同学的名单和表演剧目，确保每位同学都可以参加表演。每个游戏结束时适当加以点评，纠正学生错误的发音及翻译，表演的优点和缺憾，给学生提出相应的改正性建议。本游戏重在鼓励全体学生的参与，活跃课堂气氛，促进课下师生的联系。更重要的是激发学生们的创新能力，并培养学生间的合作、配合、组织的能力。

（4）英语文艺会演活动

英语文艺会演活动的形式丰富多样且富有吸引力。英语文艺汇演，以班级或者年级为单位展开，其形式多种多样，包括英语歌曲演唱、英语课本剧演出、英语故事会、英语诗歌朗诵等。英语文艺演出的形式能极大地调动学生的积极性。例如，在英语歌曲演唱晚会前，每个学生都会进行精心的准备，布置场地、购买演出服装等。参赛的学生则会积极练习英语歌曲，学生在欣赏歌曲的同时，听说技能会得到很好的锻炼。此活动形式应与英语课外活动小组活动紧密结合起来。

（5）英语电影欣赏

随着多媒体在英语教学中的广泛应用，英语电影欣赏成为全面提高学生英语水平的重要途径之一，使学生摆脱了学习英语时的枯燥、单调。北京外国语大学朱维芳认为，英语电影教学这种教学方法能使文化内涵和语言很自然地结合在一起，它能通过鲜活的语言、动人的故事描述等把社会价值观念等深层次的文化以一种大众都能接受的方式反映出来。

电影欣赏融听、说、读、写于一体，不但能够使学生在真实的语言环境中提高英语听说能力，培养学生用英语进行思维的能力，还能让学生直观地感受到英语国家的风俗习惯、地理知识、政治经济等，激发学生学习英语的兴趣。

英语电影的选择很关键，选择电影时应注意以下几点。①影片中的发音应地道纯正，语调优美。②电影内容要健康、积极向上，能够引导学生树立正确的人生观和价值观。可选择那些获得奥斯卡奖项、根据文学名著改编的比较受欢迎的影片。③影片的难易程度要适中，不要选择特殊的语言现象太多的电影，如果含有过多方言和俚语，会增加学生理解电影内容的难度，使他们失去欣赏电影的兴趣。④影片可根据所学的课文内容来选择，这样不仅可以降低电影的难度，而且有助于学生加深对课文的理解。⑤所选择的影片要易于模仿和表演。

电影欣赏活动的形式有很多种，这里主要介绍以下几种方式。

①根据影片的精彩片段，进行角色扮演。每次活动之后，教师选取影片中的一段让学生自由分配角色进行表演，还可以让学生为影片编排不同的结局，然后做成小短剧来表演，通过这种方式，学生会积极地投入编排短剧的活动中，学到地道的英语口语表达法，并发现和纠正自己的发音。另外，学生可以从电影中学习经典语句。②学生自由分小组进行讨论，交流心得体会，或者做影片介绍，轮流发言，锻炼英语听说能力。例如，在欣赏完《阿甘正传》后，学生分小组进行讨论，然后小组内每个成员轮流发言，讲一下自己对阿甘的命运的理解。③根据电影串讲故事。教师可以每次播放一个小的片段，然后让学生分成小组，对影片的下一步发展进行预测并编成一个个的小故事。

请看以下实例：

Step 1：教师先播放电影《怪物史莱克》（Shrek）中 Shrek 和 Donkey 的一段精彩对白：

（at Shrek's swamp）

Donkey：You know you are quite a decorator. It's amazing what you've done with such a modest budget. I like that boulder.

That is a nice boulder. I guess you don't entertain much，do you?

Shrek ：Like my privacy.

Donkey：You know，I do too. That's another thing we have in common. Like，I hate it when you got somebody in your face.

You're trying to give them a hint，and they won't leave. There's that awkward silence，you know.

Shrek：（Looking ironically at Donkey）

Donkey：（embarrassed）... Can I stay with you?

Shrek：Uh，what?

Step 2：教师让学生自由分组、分配角色，练习台词，学生分角色进行表演。

根据上述课外活动形式，教师可根据实际课堂教学内容选择合适的课外

活动，以补充课堂教学，切实提高学生的英语能力。

（三）实施个性化教学

个性对学生的学习有非常重要的影响，因此教育教学应以个性为基本出发点。个性化教学的实质是寻求各种不同的变体和途径，按照各种不同的个人特点去实现一般的培养目标。个性化教学要求教师和学校管理者采用适合学生的教学，使他们在个性、社会性以及学术性等方面的成长均超过传统的非个性化教学。教师适应学生是学习过程的核心，而非传统的学生适应教师。因此，个性化教学并非教学的一种形式，而是可采用各种形式实现其个性发展培养目标。具体来说，在个性化教学实施过程中，教师要做到以下几点。

1. 尊重学生的个性差异

素质教育是我国现阶段大力提倡的教育观念，而学生的个性差异与素质教育有着不可分割的关系。简单来说，学生的个性与其素质的发展是相辅相成，不可分的。一方面，学生的个性是随着个体素质的形成和发展而逐步形成和发展的；另一方面学生的个性化对个体素质的发展产生了一定的影响。

个性是由一些稳定而持久的心理倾向性和心理特征所组成的，个性心理结构是一个复杂的多层次、多水平的统一系统。学生个性化过程中的心理倾向性、个性心理特征以及自我意识，对个体素质的发展起着至关重要的作用。素质教育应该包含在各个学科的教学中，因此在英语教学过程中，必须充分重视个性化对学生素质发展的影响，加强对学生的心理和品德教育，为全面提高学生素质创造良好的条件。

2. 尊重学生的自尊心

在当代英语教学中，教师不仅要尊重学生的个性，还要尊重学生的自尊心。自尊（self-esteem）是人类行为中最有渗透性的方面，对人类行为具有十分重要的影响。甚至可以说，一个人没有一定程度的自尊、自信和对自己的了解，就无法进行任何成功的认知和情感活动。

库柏·史密斯（Cooper Smith. 1967）给“自尊”下了一个很好的定义：自尊是指个人所做的并习惯性地保持的评价。自尊表达出赞同或反对的态度，表明个人对自己的能力、意义、成功和价值相信的程度。简单地说，自尊就是个人的价值判断，它表示为个人对自己的态度。自尊是一种个人通过语言和其他明显的表达活动向别人传递的主观经验。

人们的自尊并不是与生俱来、固定不变的，其形成和发展变化都会受到外部因素的影响。人们的自尊来源于与自己和别人打交道的经验积累，来源于对周围世界的价值评判。成人的总体自尊相对比较稳定，一般不会改变。处于成长期的青少年，自尊则会因为受到外部环境的影响而发生变化，或认知特征在不同时候、不同情形下会有所变化。

自尊分成以下三个不同的层次。

①第一层为总体自尊。②第二层为情景自尊或特别自尊，指一个人在某些特定场合，如社交、工作、教育、家庭等场合对自己的评价，或对某些单独定义的特征，如智力、交际能力、运动能力或性格特征的自我评价。一般特别自尊的程度往往依赖于具体的场合或所讨论的特征。③第三层是任务自尊，它与特别情形中的特别任务相联系。

为了更好地理解自尊的以上三个层次，以教育领域为例进行解释：一个人的总体自尊是他对自己的接收能力和勤奋程度的评价；情景自尊是指他具体学习某一科目（如英语）时表现的自我评价；而任务自尊则可能指学习某一科目的某个方面，如口语、写作或听力的自我评价。

阿德莱德·亨迪（Adelaide Hyde 1979）曾经以学法语的美国大学生为研究对象，对自尊的三个层次对英语学习的影响进行研究。其研究结果表明，所有三层自尊都与口语表达有密切的联系，其中以任务自尊与口语表达的联系最为紧密。除了阿德莱德·亨迪，其他研究者经过研究也发现，自尊在英语学习中是一个非常重要的变量，尤其是从英语学习的跨文化因素方面考虑。在我国，英语是一门外语，英语教学是一项跨文化教学活动，这就使学生的自尊心对其英语学习的效果具有更为重要的影响。另外，现代心理学研究表明，青少年的自尊心不仅十分强烈，而且十分敏感、脆弱。而学生恰好处于这一特殊时期，这就要求老师们在与学生交往中，注意尊重、爱护和培养学生要求上进的自尊心。

综上所述，一个人的学习效果以及所取得的成就都受到其自尊心的重要影响。人的尊严来源于人的自尊，而教师对学生的尊重是学生自尊心的最重要来源。因此，在英语教学中，教师应该尊重学生的自尊心。任何一个学生都有成为教师所喜欢、欣赏的学生的美好愿望。即使学生身上存在这样那样的缺点，教师也不应该忽视他们、轻视他们，而要坚持认为他们是可教育的。

3. 尊重学生的学习成果

在英语教学中，教师采用个性化教学，还体现在尊重学生的学习成果上。尊重学生的学习成果，就是肯定、赏识学生的学习成果。

在英语教学过程中，教师要善于赞赏学生的学习成果，让学生在成功中增强自信，享受成功的快乐。在英语学习的过程中，学生总会或多或少地取得进步，获得一定的学习成果，如果教师总是认为这些学习进步和学习成果是学生应当取得的，而从不肯定、赞扬学生的进步与成果，就不利于学生对英语学习保持持久的兴趣，甚至会使学生对英语学习失去进取心，从而不利于英语教学效果的提高。

教师可以在课堂上以肯定、赞赏的语气或课堂评语体现对学生的学习成果的尊重，如“你真会读书!”“你的感悟能力真强!”“你提的问题十分有价值!”“你的想法很有创意，老师也没想到。”这些语言虽然简单，但对学生而言很有意义，它能鼓舞学生的斗志，增强学生自信，激发学生潜能，碰撞出学生创新思维的火花。如果教师能够经常肯定、赞扬学生的学习成果，学生必将受益终身。

每个学生身上都或多或少地蕴藏着闪光点，教师在教学中要善于挖掘学生身上的闪光点，平时多一些表扬，少一些批评；多一些鼓励，少一些责罚；遇到问题时不要总怪罪于学生。在英语教学中，教师应该多从自身找原因，要看到学生人人有才，但人无全才；对学生的要求不必太高，应帮助其扬长避短，达到人人成才的目的。

总之，在英语教学中，教师要采用个性化教学，就要充分尊重学生。尊重学生是为了教育，教育学生是为了发展。教师尊重学生，是一种人格上的尊重，也是一种教育尊重，更是从生命平等意义上的尊重。当然，教师充分尊重学生并不等于对学生没有严格要求，也不等于没有批评，更不是说教师要一味地迁就学生，溺爱学生，而是要在严格要求学生中处处尊重与信任学生，将对学生的尊重寓于对学生的严格要求之中。只有这样的尊重，才是对学生的真正尊重，也只有这样的教育才是卓有成效的教育。

（四）倡导探究式学习

当代英语教学发展的另一趋势就是倡导在英语教学中实施探究式学习。探究式学习又称“探究性学习”“研究性学习”，指的是从学科领域或现实生活中选择和确立主题，在教学中创设类似于学术研究的情境，学生通过独立自主地发现问题、实验、操作、调查、收集与处理信息、表达与交流等探索活动，获得知识，培养能力发展情感与态度，特别是发展探索精神与创新能力。它是一种积极的学习过程，强调学生的主动参与。在教学过程中，可采用以下方式来培养学生的探究式学习。

（1）时常鼓励和激励学生，培养学生发现问题的能力

必要的鼓励可让学生发现自己的价值和能力，因此在教学过程中，教师可以通过各种方式如合作、讨论等，鼓励学生仔细观察和思考问题，使学生发现知识和课题的趣味性，让学生形成自主学习的习惯，进而实现对语言综合运用能力的培养。

（2）创设亲近生活的情境，激活探究思维

在学习新的知识点时，教师需创设认知需要情境，将学生的思维引到新的学习背景当中，让他们感觉到学习是解决新问题的需要，进而使学生形成探究的意识，激活探究的思维。

（3）增强学科间的联系，帮助学生形成完整的知识结构

探究式学习是不同分科课程的有机综合，教师有必要加强不同学科之间的联系，培养学生跨学科能力。

第五章
跨文化视域下英语教学模式

第一节　跨文化教学与文化培养

一、跨文化教育的发展

跨文化在世界范围内的不断发展对教育研究也产生了重要的影响。跨文化教育的发展走向如下。

1. 促进教育从一元走向多元

人类文化发展历程是一个由文化一元隔阂，到文化多元并存，再到文化多元互动的过程。教育因其与政治、经济、文化的密切关系，面临着新的国际境遇带来的挑战。教育应当成为和平以及国际理解的促进者；教育应当承担起培养年轻一代具备民主、尊重、宽容、平等、自由、理解等品质的责任；教育不仅要宣传文化历史与传统对于当代社会多种文化的重要意义，更要致力于对文化的过程性、连贯性与变化性的理解与把握，促进文化的认同。教育应当成为引导学生尊重与理解其他文化、促进人类文化平等与和谐、推动世界稳定与发展的重要手段。跨文化教育包括了为全体学习者所设计的计划、课程或活动，而这些计划、课程或活动，能促进文化的多样性发展。这种教育能够促进学业成功，增进国际理解，其目的应是让受教育者从理解自己国家的文化发展到鉴赏邻国的文化，并最终鉴赏世界性文化。

自 1937 年至今，联合国教科文组织在其组织召开的一系列国际教育大会中均体现出对世界上跨文化的承认，对各个民族文化的尊重以及对民族传统文化的保护、传承与创新的重视，表现出国际社会与国际舆论对跨文化教育的关注及其所采取的教育措施的一致性与坚定性。世界各国、各民族自古以来的跨文化教育系统及其实践各具特点，为改进、提高、相互学习借鉴提供了巨大的潜能和丰富的资源，成为教育改革、教育创新的巨大资源库，对这些资源的充分利用，不仅为教育提供了丰富的内容，同时也为教育成效的取得提供了丰厚的沃土。因此，当下的教育应当从多种文化中吸取养分，向学生展示世界不同文化间的异同，并为促进多种文化的生存与发展作出努力。

2. 促进教育从隔离走向理解

当今世界，人类活动范围逐渐扩大，人类社会由封闭、半封闭与隔阂的状态转变为半开放、开放与相互交往的状态，社会经济由地方性、自给自足向全球化转变。历史的进程要求过去的文化孤岛被文化多元所替代，文化的排他性被文化的包容性所替代。不同人类群体之间的交流也越来越频繁、密切，文化间关系由相互疏远到相互接近、由相互孤立到相互依赖。这种世界文化格局及其所带来的文化怀乡的愁绪以及对民族文化的追思，引导人们从一个更新、更高、更远的视角去思考教育所培养的人的品格，去重新审视人类的文化与各民族文化，去建构新的世界文化图景。与此同时，文化人类学的研究成果揭示了文化差异背后的人类的相似性与相通性，为各不同文化民族的相互尊重、相互沟通提供了人类学的启示。

文化的变迁要求教育培养的人具备跨越文化边界，与不同文化背景的人进行交流、沟通与理解的能力以及在跨文化场景中的适应力。具体而言，跨文化人才的培养应从以下几方面着手：

第一，培养开阔的文化视界。跨文化教育通过对世界各民族文化的传播，开阔学生的文化视野，让他们了解、鉴赏本民族文化的历史渊源与精粹，同时也了解、鉴赏世界文化的起源、发展及精神实质。

第二，树立开放的世界文化观。跨文化教育在传递世界各民族文化知识的同时，还应进行文化观的渗透，培养学生的跨文化意识，让学生不仅具有对本民族文化的深刻理解以及由此而生的民族自豪感和认同意识，而且具有对所有文化的尊重、宽容与接纳的意识。

第三，倡导积极的跨文化情感。跨文化教育的过程，也是一个与本民族文化及世界文化的情感交流的过程。所以，应注重对学生跨文化情感的熏陶，使他们既不沉醉于本民族文化而盲目排外，也不羡慕其他民族文化而崇洋媚外，养成自尊、自爱、平等、开放、互尊的文化态度。

第四，提升全面的跨文化能力。跨文化教育要注重让学生掌握文化间对话、交流、理解的能力，养成参与民主决策的社会与政治的能力，提高在跨文化碰撞与冲突的局面下，能够敏锐把握文化动向、调整自身观念与行为的跨文化适应力。教育通过对文化进行选择、组织和重构，使文化得以再生和继承；教育通过对文化进行传播、整合，使原有文化发生性质、功能等方面

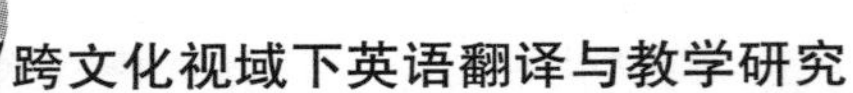

的变化，衍生出新的文化，带领人类超越器物的束缚和生命的限制而达到精神上的自由。因此，当代教育被赋予了前所未有的文化重任。提高世界文化的发展力是跨文化教育的重要使命。

3. 促进教育从封闭走向开放

从全球范围而言，为冲破文化边界的藩篱、为解决文化间的冲突而实施的教育政策经历了三个发展阶段，即由突出种族优越感的同化教育，演化到多种文化并存的多元一体化教育，然后过渡到多种文化互动的跨文化教育。第一阶段的主要特征为种族中心，试图融合全部现有文化，使之遵循一种文化普世原则；第二阶段的主要特征为种族多元，是一种基于对各种文化认可的文化多元视角的教育；第三阶段的主要特征为种族互动，是一种基于对跨文化关系的洞察的、符合文化发展规律的各种文化间的相互接触、相互渗透、相互影响的教育。跨文化教育的发展历程实际上是社会文化发展的历史脉络，以及当代社会的文化间的平等交流、多样化发展的关系的反映，同时也是一个从地区性教育行动到全球性教育行动的演变过程，是一个从文化静态取向教育向文化动态取向教育的转变过程。因此，新的世界局势要求重新审视主流文化教育的出发点与归宿，正视教育中存在的局限性，满足多文化群体的文化需求，保证各种来自不同文化群体的学生能够取得学业成功。

当前，世界经济文化全球化的进程不断加速，使不同文化间的接触越来越密切，而文化的敏感性也日益加大，文化的多元需要人们用一个超越文化差异的，更高、更大、更远的视角看待文化，需要人们用一个新的多元的视角看待教育，培养具有民主、尊重、宽容、平等、自由、理解品质的世界公民。跨文化教育倡导跨越地理疆界与文化边界的藩篱，正视由于文化自身的张力而带来的文化交流与碰撞，并将其视为文化多样性发展的动力；跨文化教育立足于对不同文化的相互尊重与交流以及不同文化间的理解与平等对话，强调文化间的互动；跨文化教育通过对跨文化人才的培养，推动世界文化的进步，促进人类和平事业的发展。历史表明，人类只有具备了更广阔、更开放的视野，才能了解世界各民族在各时代中相互影响的程度及其对人类历史进程的重大影响；人类也只有具备了全球的和全人类的宽阔视野以及更强的跨文化适应力，才能促进全球范围内各民族的和谐相处与共同进步。

二、跨文化背景下英语教学的原则

1. 文化性原则

学生学习英语不仅是学习单词及语法，同时也是在学习语言文化。语言既是文化的一部分，也是文化的重要载体，因此文化教学理应成为语言教学的重要组成部分。重视文化原则需要教师做到以下两点：

（1）加强文化知识的传授，鼓励学生积极参与实践

教师在强调学生基础知识积累的同时，应该贯穿英语交际能力的培养，注意英语文化知识的传授。例如，在课堂上讲授有关文化的知识，鼓励学生利用课堂、课外进行练习和巩固；积极举办英语“沙龙”活动或英语演讲、话剧表演比赛，开展英语讲座、听报告、听广播、看录像等活动，培养学生在实际中运用语言的能力和技巧，提高学生的听、读、写、说能力，增强学生的知识积累。

（2）利用教材渗透跨文化，提高学生的英语文化水平

在教材的处理上，教师可以结合课本内容，不断拓展、引出相关的文化信息。词汇是语言中最活跃的成分，也是最大的文化载体之一。因此，在平时的教学中，教师应注意介绍英语词汇的文化意义。英语中有许多词汇来自神话、寓言、传说，或是与某些名著有关。了解这方面的文化知识，有助于学生对英语词汇的理解和掌握。

在语法教学中，教师也可以结合跨文化进行讲授。教师可以通过适当的英汉语言对比，启发学生讨论，增强学生的学习兴趣，增加他们的信息量，扩大他们的知识面，帮助他们牢固地掌握英语语法，提高他们运用英语的能力。例如，在总结名词复数形式时，变化规则中以 o 结尾的名词一般情况下在词尾加 es，但是，由于英国多次受到外来种族的入侵，英语词汇中有很多外来词汇（如 tobacco，piano 等）则在词尾加 s。

2. 交际性原则

英语学习的最终目的是使用英语，英语教学的最终目的是培养学生对英语的综合运用能力。因此，在教学过程中，教师要始终遵循交际性原则，以培养学生的交际能力为最终目的。也就是说，要培养学生运用所学的语言知识在不同的场合、对不同的对象进行有效得体交际的能力。具体来说，教师在教学过程中需要注意以下几个方面：

（1）正确认识英语教学的性质

教师首先需要认清英语教学的性质。英语教学作为一种技能培养型课程，其教、学、用三个方面构成一个有机的统一体，三者之间是一种相辅相成的关系，其中“用”在这三个方面中处于核心地位。与学习游泳类似，英语交际能力是在实践的过程中培养出来的，如果只有理论没有应用，就很难达到预期的目标。因此在教学中应时刻给学生锻炼的机会，加强英语使用的力度。

（2）将英语作为一种交际工具

英语是一种交际工具，英语教学的目的是培养学生使用这种交际工具的能力。交际工具的应用能力是在实践当中培养出来的，因此教师在教学中及学生在学习中都要把英语作为一种交际工具，教师和学生在课上课下都要积极使用这种交际工具进行交流。

在英语教学中，教师或学生并不是单纯地教知识或学知识，而是通过操练，培养或形成用英语进行交际的能力。教师要尽量利用教具为学生创造适当的情境，协助学生进行以英语作为交际工具的真实的或逼真的演习。这样学生不仅学得有兴趣、有成效，而且能真正活学活用。

（3）在教学中灵活创设交际情境

要想让学生具备使用英语进行交际的能力，使学生能够在适当的地点和时间以适当的方式向适当的人讲适当的话，就应在英语教学中创设情境，开展多种形式的交际活动。众所周知，利用语言进行的交际总是发生在特定的情境之中。情境包括时间、地点、参与者、交际方式、谈论的题目等要素，在某一特定的情境中，某些因素，如讲话者所处的时间、地点以及本人的身份等都制约着他说话的内容、语气等。而且，在不同的情境中，同样的一句话也可以表达不同的意义。例如“Can you tell me the time?”这句话可能表示的意思就有两种：一是向别人询问时间，是一种请求的语气；二是表示对他人迟到的一种责备。因此，在英语教学中，要把教学的内容置于一种有意义的情境之中，这样才有可能让学生充分理解每一句话所表达的意思。

在一定的情境之中进行的英语教学，还可以使学生身临其境，提高学生学习英语的兴趣。因此，教师在教学过程中要充分结合教材内容，利用各种现有的教具，开展各种情境的交际活动，这样对学生和教学都会产生有利的影响，收到不错的教学效果。此外，教师也可以设计任务型活动，让学生通过完成特定的任务来获得和积累相应的知识与经验。需要注意的是，这些活动需要具有交际的性质，才有利于交际目标的完成。

(4) 结合学生的生活来选择教学内容与活动。在进行英语翻译教学时，现实生活这个因素也是需要考虑的，因为语言总是与现实生活密切联系的。因此，在英语翻译教学中，教师应把语言和学生所关心的话题结合起来，给学生提供足够的、内容丰富的、题材广泛的、贴近学生生活的信息材料。这样的材料由于具有一定的现实性，因此容易使学生产生共鸣，从而调动学生的兴趣，也能促使他们认识到学习英语的目的在于交际，而不是应付考试。例如，在大学英语教学过程中，教师可以结合学生毕业后面临的找工作问题，训练学生撰写简历、通知等能力。

三、跨文化背景下英语教学的重点实践方向

1. 激发学生对文化差异的兴趣

学生无论学什么，只有在自己真正感兴趣的情况下，才会充分发挥自己的主观能动性。学习英语也是如此。因此，在传授跨文化知识时，培养学生对文化差异的兴趣是英语教学必须考虑的一个方面。教师只有不断地改进教学方法，增加新的教学内容，将趣味性贯穿于教学过程之中，才能调动学生的兴趣，激发学生学习的热情。

教师可以通过教学方法、教学内容的对比激发学生对文化差异的兴趣。介绍文化背景，比较文化差异，最好的方法是通过语言看文化，通过所学的语言材料了解其中所含的民族文化语义。通过这种方法，教师可以把枯燥无味的词语解释、语法讲解等变得形象生动，使学生在活跃的气氛中不仅能学到英语语言知识，还能领略到英语的民族文化。

教师是教学的主导者，而学生是教学的主体，在教学中处于中心地位，教师传授的知识最终要由学生加以理解、吸收，而学生跨文化交际的能力主要靠实践来培养。英语教师应根据教学内容和学生特点，在课堂上采用灵活多样的教学方法和教学手段，并帮助学生树立坚持不懈、持之以恒的英语学习态度。在培养学生的学习兴趣的同时，教师还应当帮助他们养成良好的学习习惯，也就是教会学生学习方法。如果学生只会整天抱着课本死记硬背，则很难掌握实际的英语交际能力。教师在教学中一定要结合具体教学对象的学习实际采用行之有效的教学方法。英语是一种工具，英语学习是一个漫长的过程，文化信息需要日积月累，学生只有通过持之以恒的学习和大量的实践训练才能做到活学活用，形成驾驭英语语言的跨文化交际能力。

英语教学要把讲解语言知识和介绍文化背景知识、比较中英文化差异有机地结合起来，充分发挥文化背景在教学中的积极作用，培养学生对文化差异的敏感性。

2. 培养学生的跨文化意识

因为跨文化意识是如此重要，所以教师在教学过程中必须重视对学生跨文化意识的培养。在英语教学中，教师要充分利用现代化的教学手段，介绍英语国家文化背景，让学生最大限度地接触一些英语国家的文化信息。

对跨文化的敏感性主要来自两种途径。一是直接途径，也就是通过在外国生活、体验的方式来获取文化信息，培养对异国文化的敏感性。这对我国国内学生来说显然不可能。因此，我国英语教师可以采用另一种途径培养学生的跨文化意识，即间接途径。间接的方法有很多，包括课堂学习、课外阅读、收听英语广播、观看一些英文图像资料等。但是英语课堂教学毕竟具有一定的局限性，因此通过课外学习活动是培养学生跨文化意识的有效途径，教师应该鼓励并指导学生开展形式多样的课外学习活动，特别是要借助先进的现代化教学手段，加强学生的语言听说训练，直接在英语教学中给学生导入一些英语文化背景知识。教师应该鼓励学生观看英文原版电影、录像。由英语国家本族人所演绎的英文原版电影、录像都具有浓厚的英语文化气息，因此通过观看英文原版电影、录像提高文化差异敏感性是一种非常有效的手段。对缺少英语语言环境的我国英语学习者而言，最大的困难就是从课本里学来的英文知识往往与现实生活中的语用实际脱节，而观看英文原版电影、录像不仅可以扩大词汇量，增强听说能力，还能从中学到很多文化知识，动态的电影、录像情境，往往会让他们对外国文化更容易理解，印象也更为深刻。

3. 增强学生的跨文化感悟力

通过文化差异的比较，学生会在头脑中形成一种潜在的反应能力，这种能力就是通过语言这一载体对英语所反映的文化内容的综合性的理解能力，也就是人们常说的文化感悟力。

在英语教学中，教师应注重对英语国家文化背景的介绍，使学生了解英美等国家的文化，通过比较英汉文化的差异，让学生明白不同的语言以及语言背后的不同文化，学会在适当的场合使用适当的语言表达自己的思想，实现培养和提高学生运用英语在跨文化语境中正确交流的能力。

增强学生的跨文化感悟力，需要教师引导学生接触、理解文化差异。教师可以在课堂中教授文化知识。教材中有不少关于英语国家的生活方式、行为规范、价值观念、历史地理、文化艺术、风土人情、传统习俗等方面的对话和课文，教师应该让学生注意这些文化知识，增加学生对英语国家文化的感悟力。教师还可通过指导学生开展课外活动学习西方文化知识，如可以带领学生多读一些英语报纸、多听一些英语广播、多看一些原版影视资料来广泛接触和逐步丰富英语文化背景知识，还可以通过指导学生开展英语角、英语晚会、专题讲座以及课外实践活动，使学生在不断接触英语文化的环境中比较文化的差异，培养跨文化意识，增强跨文化感悟力。学生增强了跨文化感悟力，就容易理解交际中出现的文化差异，如一见到 black tea，头脑中立刻明白这是英国人常喝的“红茶”。

总之，只有在教学中充分挖掘课程中的文化内涵，引导学生课外了解英语文化知识，才能使学生认识到中西文化的差异，认识到世界文化的多元性，增强跨文化感悟力，最终形成较强的跨文化交际能力。跨文化意识就是指学生对外国文化和中国文化异同的敏感程度，以及在语言交际过程中根据外国文化调整自己语言行为的自觉性。跨文化意识在现代的跨文化交流中有十分重要的作用，缺乏跨文化意识往往会造成跨文化交流的失败。值得注意的是，在跨文化交流中，语言上的错误往往容易被别人谅解，由文化差异所引起的错误往往比语言性的错误更为严重，难以得到别人的谅解。传授文化知识的目的在于培养学生的跨文化意识，使学生能够自觉地按照英语的文化习惯使用英语进行交流。如果忽略或轻视了跨文化意识的培养，就会造成只教授语音、语法规则、词汇这些纯语言知识，从而影响学生的语用能力，使学生不能正确地运用英语进行交流，英语语用不符合英语社会的文化性常规的局面。

四、国家对学生文化意识培养的要求

中华人民共和国成立后的第一部大学英语教学大纲是 1962 年的《英语教学大纲（试行草案）》，规定大学英语教学的目的是“为学生今后阅读本专业英语书刊打下较扎实的语言基础”，当时的大学英语教学以阅读为导向，目的是给学生打下语言基础。1980 年，我国发布了《英语教学大纲（高等学校理工科本科四年制试用）（草案）》，规定大学英语教学的目标是“基础英语教学阶段，为学生阅读英语科技书刊打下较扎实的语言基础；专业阅读阶段，使学生具备比较顺利地阅读有关专业的英语书刊的能力”。1983

年，英语成为高考科目之一，高中英语得到普及，为适应新形势的需要，1985 年发布《大学英语教学大纲（高等学校理工科本科用）》，1986 年发布《大学英语教学大纲（高等学校文理科本科用）》，其中规定理工科的教学目标是“培养学生具有较强的阅读能力、一定的听和译的能力以及初步的写和说的能力，使学生能以英语为工具，获取专业所需要的信息，并为进一步提高英语水平打下较好的基础”。文、理科的教学目标除了没要求“译的能力”外基本一致。这两份大纲都指出“语言教学的最终目标是培养学生以书面或口头进行交际的能力”，并对语言能力和交际能力做了区分，指出“语言能力在一定程度上是交际能力的基础，但有了语言能力不等于就具有了交际能力”。随着学生英语水平的提高和四、六级考试通过率的上升，《大学英语教学大纲》（修订本）明确指出：“文化与语言有着密切的联系，一定的文化背景知识有助于促进语言应用能力的提高。”该大纲强调了目的语的文化背景知识的教学，即比较系统地介绍英国、美国、加拿大、澳大利亚、新西兰等主要英语国家历史、地理、社会、经济、政治、教育等方面的情况及其文化传统，提高学生对文化差异的敏感性、包容性和处理文化差异的灵活性，从而培养学生跨文化交际的能力。

经历 1999 年大学扩招、基础教育课程改革之后，为适应 21 世纪的社会发展需要，2004 年发布的《大学英语课程教学要求（试行）》，指出“大学英语是以英语语言知识与应用技能、学习策略和跨文化交际为主要内容，以英语教学理论为指导，并集多种教学模式和教学手段为一体的教学体系”，提出大学英语的教学目标是“培养学生的英语综合应用能力，特别是听说能力，使他们在今后工作和社会交往中能用英语有效地进行口头和书面的信息交流，同时增强其自主学习的能力，提高综合文化素养，以适应我国社会发展和国际交流的需要”。同时，《大学英语课程教学要求（试行）》还提出各高等学校“将综合英语类、语言技能类、语言应用类、语言文化类和专业英语类等必修课程和选修课程有机结合”。“大学英语课程不仅是一门语言基础知识课程，也是拓展知识、了解世界文化的素质教育课程。因此，设计大学英语课程时应充分考虑对学生文化素质的培养和国际文化知识的传授，要尽可能地利用语言载体，让学生了解科学技术、西方社会文化等知识”。该教学要求非常强调提高学生的综合文化素养、培养学生的英语综合应用能力。

基于《大学英语教学大纲》和《大学英语课程教学要求》的要求，目前大学英语教学中，教师应避免只注重对学生语言能力的培养，而应把语言形式的讲授与文化内涵的培养结合起来，激发学生的目的语文化意识，增强学生的跨文化交际能力，从而培养出既有语言知识又有语言能力的复合型人才。

五、培养跨文化意识的意义

语言是文化的载体，也是文化的重要组成部分，语言与文化密不可分。美国语言学家萨丕尔说："语言的背后是有东西的，它不能脱离文化而存在，不能脱离社会继承的传统。"

1. 文化意识的培养为学生深入认知和正确运用英语奠定基础

语言是一种特殊的社会现象，在人类演进的过程中，语言是人类思维的工具，也是人类形成思想和表达思想的工具。语言符号记载着人类社会发展的历史进程，蕴含着极为丰富的文化，文化通过语言得以保存、继承和传递，同时，又对语言结构、语言交际形式、篇章修辞原则等在很大程度上产生深刻的影响，制约着语言的正确使用。因此，通过对英语国家的历史地理、风土人情、传统习俗、生活方式、文学艺术、行为规范和价值观念等文化知识的学习，不断强化英语文化意识的培养，有助于学生深入了解英语民族的思维方式和思维习惯，理解英语所蕴藏、承载的思想内涵，对学生深入理解和准确运用英语具有重要意义。

2. 文化意识的培养为学生开放性世界观的形成填筑基石

语言是社会人形成的重要渠道。人们通过语言对社会进行类型化，并认识世界。在与不同文化的人交往时，人们常常不自觉地使用本族语或本群体的社会语言规则解释和评价别人的交际行为，这种语用迁移的无意识性使人们在跨文化交际时很容易产生失误。而民族中心主义思想的存在又常导致不同文化人们的交际距离拉远。培养学生的文化意识有助于学生克服狭隘的民族中心主义思想，更好地理解英语文化，推动学生将母语文化与英语文化进行比较，深度认知母语文化的博大精深，增强民族自豪感；同时通过比较，让学生尊重和吸纳英语文化，使两种不同的文化更好地沟通融合，促进学生开放性世界观的形成，使学生拥有博纳四海文化的广阔胸襟。

3. 文化意识的培养为学生跨文化交际能力的形成指路引航

跨文化交际能力是一个综合的、多向度的概念，它涵盖了跨文化视域下的英语教学主体与改革研究知识向度、思维向度、行为向度乃至情感和个性向度。著名的交际学者 Gudy kunst 指出，有效的交际能力包括认知能力

(cognitive component)、情感能力（affective component）和行为能力（behavioral component），三者相互联系、相互影响、不可分割。培养学生的文化意识有助于学生跳出英语学习只注重词形变化、遣词造句、语法结构等纯语言知识的局限，推动语言知识与文化背景知识学习同步进行，使学习内容和形式由原来的枯燥、单调转向生动、丰富，从而激发学生的学习兴趣，增强学生的学习内驱力。积极的情感态度又会促进学生自觉地、有目的地去探索，加深学生对原文化和目标文化之间关系的认知、意识与理解。拥有这种意识能力，学生就更容易形成自主学习策略，在语境中发展对跨文化的敏感性、灵活性和批判态度，最终形成卓有成效的跨文化交际能力。

六、培养英语文化意识的策略

要更好地培养学生的英语文化意识，教师必须转变传统教育观念，认真学习和吸取现代科学教育理论，广泛借鉴国内外先进的教育思想和教学方法，探索新的教学模式，促进学生跨文化交际能力的提高。

1. 培养学生正确的文化态度

文化是一种社会现象，又是一种历史现象，是通过人们的创造活动形成并随历史发展而发展变化的产物。中西方文化由于各自人类文明进程不同，所处的地理环境不同，所持的哲学观不同，因而也存在着很大的差异。众所周知，中国文化以人本为主体，崇尚勤劳、朴实、谦虚、谨慎的美德；西方文化则以“物本”为主体，崇尚个体性、开放性、创造性、吸收性的文化传统。中西文化本质差异使中西方人们的生活大有不同，包括感情表达方式、解决问题的方法、行为方式等，而这些无不对语言产生影响。

因此，在大学英语教学中培养学生的文化敏感性，即学生在深刻理解本族文化的基础上对异国文化的观察、理解和反应能力，应被视为跨文化交际能力养成的第一步。而在教学中培养学生文化敏感性首先要树立学生正确对待本国文化和外来文化的态度。如果借用 Chuckhole“文化地图”的概念（“文化地图”，即特定社会的价值观、习俗、准则、体系的统一体），就是使学生对本族文化地图和异国文化地图有正确的认识，摒弃民族中心主义，消除具有文化偏见的文化相对主义态度——文化只有差异，而没有好坏之分。因此开展文化教学主要在于消除文化隔阂，促进跨文化理解。基于对本族文化的认知，基于正确的文化态度，学生在学习语言的过程中才能真正察觉到与本族文化有明显差异并可能发生文化冲突的异国文化特征，才能在理论上或是理性地理解与本族文化有明显差异的异国文化特征，才能在交际中真正理解对方的所作所为，解决文化冲突，实现有效交际。

2. 转变教学思路，营造英语文化氛围

美国社会语言学家德尔·海姆斯指出："语言学习和语言教学不能只学或只教语言知识本身，还应该了解和教授与语言有关的社会文化背景知识，努力克服母语文化和习惯的干扰，达到交际的成功。"因此，教师应坚持语言教学与文化知识教学并重的原则，将知识讲练和文化交际有机结合，并尽可能将文化知识具体化、形象化。

（1）创设日常英语文化环境

在班级张贴介绍英语国家文化的图片、办英语板报等，让学生在日常学习环境中积累和巩固有关英语国家历史地理、名人名言等方面的知识。

（2）积极拓宽英语文化学习空间

充分利用互联网、语音室、图书馆、多媒体教室等媒介，通过让学生观看、收听英语影音节目，阅读英语报纸、杂志、小说等作品，从多感官增加学生的信息摄入量，使学生对异域文化耳濡目染，增强文化意识。

（3）广泛开展特色英语文化活动

经常开展英语戏剧表演、英语歌曲比赛、英语演讲或报告、英语角等活动，使学生在互动活动中切身感受英语文化气息，提高学生结合社会文化背景参与人际交往的意识和能力。

3. 优化教学设计，拓展文化渗透空间

课堂教学是培养学生跨文化意识的主要途径。教师应充分发掘教材资源，从教材中获取英语国家文化背景知识，在教学的各个环节中进行多渠道、多层面的文化渗透，帮助学生获取英语国家的文化知识，增强他们的跨文化意识。

（1）词汇教学

教师可通过设计英语板报、广告，制作英语标志牌等活动为学生创设词汇应用的情境。同时，可有意识地补充与时事、社会生活、现代科技等密切相关的鲜活的词汇，培养学生捕捉英语文化知识的兴趣和意识。

（2）语法教学

教师绝不应只局限在语法自身的范畴内，要将逻辑思维、篇章语境、文化内涵联系起来，并借助真实的语言材料，让学生在语境中感悟语言功能，体验语言内涵。

（3）语篇教学

教师要重视文化背景知识的介绍、扩充和渗透，使语言知识和背景知识相结合，补充贴近学生生活、具有时代气息、内容丰富的英语读物，让学生通过一定数量的阅读，更多地了解英语国家的风土人情、生活习惯、思维方式等，进而使学生形成文化意识，提高人文素养。

4. 选择蕴含丰富文化内容的语言材料

蕴含丰富文化内容的语言材料是进行文化渗透的重要因素，是教师在课堂中培养学生跨文化意识的重要资源，因而教师在选编教材时应有意识地多选取一些出自英美国家的原文材料，使学生通过大量接触，潜移默化地培养跨文化意识。

教学材料还应该具备以下几个特点：

（1）多元性

我们了解一门外语或一种异域文化，总是要经过我们个人的和他方的文化，这就要求教师选择或编写的语言材料要具有多元性。语言材料从类型上应包括己方文化、异域文化和跨文化的范畴。一味强调语言教学中异域文化的导入和异性文化的差异、矛盾和冲突，相对忽视中西不同文化间的相互渗透、影响、融合与重组，以及在外语使用中本族文化导出的意义，也将使得跨文化交际陷入一定的局限性。为了加强学生的主体文化意识，教学材料在选编上应当适当引入中国文化，如中国传统的儒家、道家学说等。语言材料应按不同角度来构建，对同一问题，可以用跨文化的角度来阐释。这种开放的结构可以带给学生思考和争论的空间，通过对己方、异域文化的认识，在中西方文化的冲突中，达到对己方文化的再认识，对异域文化的真正理解，从而实现跨文化交际。

（2）代表性

英语教学的终极目标是让学习者通过对英语文化的学习，达到内在修养、素质的提高，从而解放思想，在理解不同的生活方式和价值观的同时，发展合作能力。因此，在选择教学材料时要注意选择那些有代表性的主流文化，触及西方文化本质，反映西方文化的深层内涵。例如，西方的社会制度、人性道德、哲学流派、经济理论、思想及价值观等，这些内容有助于学生自己去分析、去探讨西方文化，加深对西方整个社会、人类的认识，得出自己的结论，最终达到跨文化能力的提高，自身素质的完善以及人生观、价值观的成熟。

（3）趣味性

教材不仅要符合学生的知识水平、认知水平和心理发展水平，还要尽可能通过提供趣味性较强的内容和活动，激发学生的学习兴趣和学习动机。为此，教材应紧密联系学生的实际生活，提供具有时代气息的语言材料，设置尽量真实的语言运用情境，组织具有交际意义的语言实践活动。教材内容的选择和安排应充分考虑不同年龄段学生的兴趣、爱好、愿望等学习需求和心理需求。

5. 培养交际策略，注重交际能力养成

交际策略是学习策略的重要组成部分，有效的交际策略能提高学生英语学习的质量和效果，有利于学生自主学习能力的培养，为学生跨文化交际意识、跨文化交际能力的形成，以及未来发展和终身学习奠定良好的基础。

（1）激发自主学习动机

教师可联系当今世界科技发展、经济全球化、信息化的新形势、新特点，对学生进行学习目的性教育；联系名人刻苦自学外语成才的典型事例进行学习态度教育；联系学生的学习和生活实际，让他们在学习中感受英语的有趣和有用。

（2）鼓励合作探究学习

在课堂上教师要多让学生做 pair-work 或 group work，凡是学生自己能做的，教师就不要插手。这样既有利于增强学生的自信心，培养其协作精神，又能扩大课堂单位时间的利用率和有效率。

（3）分层次布置任务

教师根据学生的实际情况，让学生独立完成力所能及的学习任务，训练学生独自计划、实施和完成学习任务的能力，如收集名人名言、学唱英文歌曲、收看英文影视剧、编排课本剧等。通过多层面活动激发学生的求知欲和学习动机，培养学生运用适当的学习方法和学习策略收集信息、处理信息、解决实际问题的能力，从而使学生真正学会学习。

第二节　跨文化教学模式研究

一、跨文化教学

跨文化交际研究成果在外语教育和相关方面体现了最高价值。它拓展了

外语教学家的思路，丰富了外语教学的内容，提高了外语教学的效果，对国际文化交流、政治沟通、经济全球化和教育一体化产生了积极的作用。当跨文化交际学揭示了语言、文化和交际之间关系以后，语言教学专家们认识到语言教学离不开文化因素，外语交际就是跨文化交际，因此外语教学具有文化教学和跨文化交际能力培养的巨大潜力。

跨文化交际研究在我国的历史较短，大致上是从 20 世纪 80 年代初开始的。早期将跨文化交际研究介绍到我国的学者是许国璋先生。他于 1958 年在《现代外语》期刊上发表的题目为结构主义语言学述评的论文可算得上是我国最早讨论语言和文化的文章。从此跨文化交际研究在中国悄然兴起，学术刊物上讨论跨文化交际的文章逐渐多了起来。但是把跨文化交际学作为一门新兴学科系统地介绍到我国外语教学界和语言学界的首推北京外语大学的胡文仲教授和北京大学关世杰教授。在后来的研究中，影响较大的学者还有哈尔滨工业大学贾玉新教授和北京语言大学的王振亚教授。经这些学者在国内系统介绍，我国广大外语教师开始对跨文化交际理论有了基本了解，跨文化交际研讨会纷纷举行，跨文化交际研究机构相继成立，各个大学逐渐开设相关的课程。值得一提的是上个世纪九十年代的次全国性的跨文化交际研讨会：年在哈尔滨工业大学召开了我国第一届跨文化交际研讨会；年在北京外国语大学召开了第二届跨文化交际研讨会；年在深圳大学召开第三届中国跨文化交际研讨会。这三次会议显示了我国学术界对跨文化研究的重视，扩大了跨文化交际研究在我国的影响，提高了广大外语教师的跨文化意识。

虽然我国学术界对跨文化交际的研究从未中断，但对跨文化交际研究有建树的著作和论文不多。我国学者对跨文化交际研究在很大程度上仍然处于介绍和引进国外研究成果阶段，我们自己的理论和应用成果还不足。正如刘润清先生曾经指出的那样，国内跨文化交际学研究零散罗列现象为多，整体系统研究居少；低层次概括为多，高层次的抽象居少；实用性建议为多，理论建树居少。跨文化交际学在学科发展和课程设置上得不到应有的重视限制了该学科在中国的发展，因此，我们有必要引进科学的研究方法，进行系统的基础理论研究和深入的专题研究，进一步夯实跨文化交际学的研究基础，拓展其研究深度和广度，尽快确立和提升跨文化交际学在中国的学术地位。其次，我们还应在学习和借鉴其他国家相关研究成果的同时，开展一些适用于中国国情的跨文化研究，进行中西方文化对比研究，并尽可能将研究成果应用到教育、科技、文化、商业等领域的实践中。

二、英语教学中的跨文化教学模式

培养学习者对异域文化的认知能力与跨文化交际能力，避免外语应用过程中可能出现的文化冲突已经成为外语教学的重要目标之一。在外语教育界，人们普遍认为，衡量现代外语人才的重要标准是看他们是否具有文化认知能力和跨文化交际能力。由于跨文化交际学的引入，外语教学已经进入了一个新的时代——跨文化交际的时代。如今的跨文化交际英语教学是一种崭新的教学理念和教学模式。它是区别传统英语教学，体现英语教与学真实目的的实用教学模式，英语教学界已把是否将跨文化交际纳入英语教学内容作为区别传统英语教学和现代英语教学的主要标志之一。

外语教学从最开始就伴随文化教学，文化一直都是其教学内容的一部分，只是人们没有意识到而已。当然在外语教学中有意识地进行文化教学已经有很长的历史了。由于各个国家的教育体制和语言环境不尽相同，其外语教学呈现出不同的特点，其文化教学的理念和方式也各不相同，但是文化教学在外语教学中的发展轨迹大体相同，反映了广泛的国际交流与合作对教育所产生的影响。

一百多年来，外语教学中的文化教学经历了从注重阅读能力的培养，到注重交际能力的培养，再到现在关注跨文化交际能力培养三个主要阶段；形成了两种教学方法：文化知识传授法和文化过程教学法；出现了四种教学模式：外国文化模式、跨文化模式、多文化模式和超文化模式。无论美国、欧洲还是中国，文化在外语教学中的作用和地位变化基本上都经历了上面三个阶段。这一发展历程证明外语教学的历史就是其不断改革、适应外部环境和满足社会发展需要的历史。跨文化交际能力的概念在跨文化交际学和外语教学之间搭起了一座桥梁，将这两个学科紧密地联系起来。

外语教学最初是为了满足少数精英人士阅读和翻译外国文学作品，包括一些宗教书籍的需要，因此文学作品在当时，甚至随后很长一段时间，都是外语教学的主要材料。由于文学作品蕴涵丰富的文化内容，是反映文化现实的最佳途径，所以最初文化进入外语教学是通过文学作品，学习者在阅读文学作品的过程中，了解到一些关于目的语国家文化的信息。随着外语教学的逐渐普及和听说法的推广，人们学习外国语言的动机和目的不再局限于文学作品的阅读和翻译，人们认识到学习和了解目的语国家的相关文化背景十分重要，因此外语教学课程中开始设置英美概况等课程，这些单独开设的文化课程成为文化教学的主要渠道。到20世纪90年代，交际法外语教学的兴起使文化教学的内容扩大展到目的文化的日常生活、学习和工作的各种情景所包含的文化习俗和规范。然而，无论是通过文学作品、背景介绍，还是外语交际练习，文化教学都是以辅助外语语言教学为目的，处于附属地位。而且，这样的文化教学没有明确的目标和系统，在教学大纲、教材编写、教学设计和测试中没有得到理论工作者和外语教师应有的认可。

令人欣慰的是，经济全球化给不同国籍、不同语言、不同文化的人们以相互交流的机会，跨文化交际变得日益频繁。欧洲很早就开始了文化教学，但是真正把文化教学与外语教学相结合只是过去三十年的事。凭借良好的合作条件，欧洲各国的文化教学研究发展迅速，而且理论研究与教学实践紧密联系，因此欧洲的文化教学取得了巨大的成功。

综观国外文化教学的发展，人们不难发现外语教育中的文化教学常常受社会政治文化因素的影响，必须适应社会发展的需求。相对于美国和欧洲国家而言，我国的文化教学研究和实践显得相对落后。20世纪80年代初，在中国开始出现文化教学的讨论。但是中国过于保守和封闭的文化传统、对外来事物的政治化与过分谨慎的态度在很大程度上影响了人们对文化教学的认识，妨碍了文化教学的有效开展。而且，我们的文化教学具有很强的选择性和政治性，那就是去其糟粕、取其精华。这样做至少存在三方面的问题。第一，文化是由相互关联的不同层面和不同要素构成的，价值观念和习俗规范，社会体制和个人言行，都有着内在的联系，断章取义不仅忽略了文化是一个系统的本质，而且可能导致对所讨论文化内容的片面，甚至歪曲的理解；第二，对文化内容进行政治性的筛选，区别所谓精华和糟粕就意味着对文化要素进行是非好坏的评判，而根据文化相对论的思想，文化无好坏之分，我们学习文化主要是了解文化差异，而不是进行文化批判；第三，只让学习者接触目的文化中的精华部分，回避其糟粕部分，不仅不能达到全面了解文化的目的，而且会使学习者失去文化学习的兴趣，因为他们所掌握的有关知识与他们亲身体验到的文化群体成员所表现出来的特点有距离，这些知识不能帮助他们解决跨文化交际中出现的实际问题。

20世纪80年代的文化教学状况不尽人意。一些外语教师只是凭自己的兴趣和偏好附带地给学生介绍一些外国文化知识，开展一些与文化有关的课堂活动，但这些教学活动并非真正意义上的文化教学。一是当时没有专门的文化教学大纲和配套的教材，二是缺乏科学的文化教学理论与方法。到了20

世纪 90 年代，我国外语教学界引进了国外跨文化交际学说并尝试了各种新的外语教学法理论。在很短的时间内我国的语言学家、应用语言学家、对外汉语教学专家和外语教师在文化教学问题上达成了共识。这个共识就是：文化教学是外语教学中不可缺少的组成部分。我国学者和外语教师在文化教学研究和实践方面做了不少的工作。另外，无数外语教师，在教学第一线对文化教学理论进行实践，对文化教学方法进行探索。

《高等学校英语专业教学大纲》和《大学英语课程教学要求》在论述教学目的时都强调了学习外国文化、培养文化素养和综合素质的重要性。但是，两份大纲都是围绕语言教学制定的，没有对文化教学目标、教学要求、教学内容、课程设置、教学方法和教学测试做出明确规定，即没有针对跨文化交际项目进行描述。因此，在外语教学中进行文化素养和综合素质培养只是一句空话，最多只能依靠教师自己的理解和经验，偶尔在有限的范围内向学生介绍一些零星的文化知识，组织简单的课堂活动。这类文化教学活动大都过于简单，远非真正意义上的文化教学。其后果是学生文化技能和跨文化交际能力都远远低于他们的语言能力。

到目前为止，关于语言和相关文化是否可以分割的辩论，关于要不要在外语教学中导入文化教学的争议都已成为历史。但是，对于如何在外语教学中实施文化教学这个问题的探讨正方兴未艾。新观念、新方法、新建议层出不穷，众说纷纭，百家争鸣。

第三节　跨文化教学模式构建

面对大学英语教学的困境，社会和时代发展对于跨文化交际人才的需要和大学英语教学承担的培养具有跨文化交际能力人才的责任，构建新型的大学英语教学模式成为必然。在对这一“必然”的思考和探索中，本书基于对于跨文化传播及大学英语教学相关理论和概念的梳理，以及对大学英语教学的现状和问题的分析尝试从跨文化传播的视角构建以培养学习者跨文化交际能力为主要目标的跨文化大学英语教学模式。

下文将从教学目标及内容、跨文化外语教学原则、外语教学方法和教学评价等几个方面对这一教学模式进行具体阐述。

一、教学目标及内容

跨文化外语教学近二十年来在美国和欧洲等国家发展很快，虽然术语使用上目前并不统一，但其中所体现的外语教学思路有很多共同点，以欧洲跨文化交际需要为前提，提出将语言和文化相结合的综合教学，以文化为基础的交际能力的教学，以及更为普遍的基于文化的外语教学。在这些思想理论基础上，结合我国的大学英语教学情况，跨文化外语教学的总体目标应为：提高学习者的语言能力、交际能力和培养学习者的跨文化交际能力。

语言能力指的是语音、词汇、语法等语言知识和听、说、读、写、译的技能。交际能力是包括语言能力和语用能力在内的正确并且适宜地进行交际活动的能力。跨文化交际能力就是超越了具体的语言和文化群体，根据不同语境，灵活运用语言知识和技能进行交际的能力。

跨文化外语教学的目标包含阅读能力的培养，到注重交际能力的培养，再到现在关注跨文化交际能力培养能力、交际能力和跨文化交际能力，因而其内容应该包括语言教学、文化教学和跨文化交际能力培养三个方面。具体来说，语言教学包含基本语言知识和使用，文化教学包括文化知识和交流，跨文化交际能力培养则包括跨文化意识、跨文化交际能力和跨文化交际实践等。也就是说，在跨文化外语教学中，通过对目的语语言和文化的学习，学习者能够掌握目的语语言知识，并能使用该语言与目的语语言群体进行有效的交流，同时，在学习中能够反思自己的母语，了解语言的普遍规律，了解文化的构成、作用和发展规律，了解语言与社会和文化之间的关系，在交流中体验目的文化，反思本族文化，将目的文化与本族文化进行比较，增强对文化差异的敏感性和培养对目的文化的移情态度，并在教师的帮助和指导下，学会调适并解决跨文化交际中可能出现的如文化冲撞、误解等问题。

教学内容的这三个方面是紧密联系、相互渗透的。语言知识和文化知识是基础，语言使用和文化交流为知识提供了实践和体验机会，跨文化意识在知识学习和实践中培养，同时又为学习者知识的学习和实践交流做好了思想准备，最终在跨文化交际的实践中培养跨文化交际能力。

这其中需要特别注意的是，在文化教学中避免出现中西文化失衡或中国文化失语症，即片面强调西方文化的输入，而“母语文化”缺失。由于忽视了母语文化在英语教学中的位置，在跨文化交际中作为交际主体的中国人，很多时候却不能用英语表达中国文化，尤其是对中国传统文化更显得心有余而力不足。在全球语境下的文化对话中，很遗憾地丧失了平等对话的能力，这也是跨文化交际的一大忌。学者高一虹曾提出“生产性外语学习”，它既不同于“削减性学习”（学者由于母语文化归属受到威胁而放弃母语文化，认同于目的语文化），也不同于“附加性学习”。学习者在学习目的语、接受目的语文化的同时保持母语及母语文化归属不受威胁，它是指在目的语学习过程中，目的语与母语水平的提高相得益彰；目的语文化与母语文化的鉴赏能力相互促进；学习者自身的潜能得以充分发挥。在“生产性外语学习”中，母语和母语文化起着积极的作用，它与文化归属的替代无关，强调两种语言和文化价值系统之间的互动作用。因而，在外语文化教学中“母语文化”不可缺失，文化教学不可失衡，应帮助学生形成“生产性外语学习”，发挥两种语言文化的互相促进作用，真正实现跨文化交际。

文化所隐藏的东西最难被其自身的参与者所认识。人们从研究外国文化所能得到的不过是表面的理解，这类研究最终是为了更加了解自己系统的活动状况。外国文化与本土文化间的对比和差异所产生的兴趣和好奇心是学习和了解外国文化的最佳动机。

此外，还需要注意，在教学中避免割裂语言和文化的关系而导致的孤立而机械地进行语言教学和文化教学，两者应有机结合。语言本身蕴含着丰富的文化内容，无论语音、词汇还是句法都有其文化内涵，语言是对文化的反映，文化是语言存在和使用的环境，两者不可分割。语言的学习必然是文化的学习，文化为语言学习提供了丰富真实的环境，两者互为目的和手段。因此应将文化教学贯穿在语言教学过程中，将语言教学融入在丰富真实的文化教学内容里，让学习者学到活的语言，体会真的文化，真正享受学习的过程。

二、跨文化外语教学原则

跨文化外语教学需要遵循两条原则：文化教学平衡性原则、语言教学和文化教学有机结合的整体性原则。除此之外，跨文化外语教学还应遵循以下两条原则。

1. 以学习者为中心，培养学习者自主学习能力

学习者是教学过程的真正主体，教学的开展应以学习者为中心，围绕着学习者的需要进行。在跨文化外语教学中，对学习者跨文化交流能力的培养也是基于学习者这个主体，因而，学习者语言及文化学习的需要、体验、态

度、能力等都是教学设计的考虑因素。“以学习者为中心”要求因材施教。不同的学习者学习风格、学习方法、学习能力都不尽相同，教学应针对学习者的不同情况选择合适的教学方法和作合适的引导。而因材施教和培养学习者自主学习能力是相辅相成的。自主学习就是学习者能够对自己的学习负责，是学习者在学习过程中独立做出选择的愿望和能力。也就是说，学习者能为自己的学习提供机会，而不是简单地对教师所提供的各种各样的刺激做出反应；不是被动地等待学习的发生，而是主动促使学习过程的产生。自主学习能力对于跨文化外语教学来说十分重要，不仅因为教育的培养目标之一就是培养终身学习的思想，而且跨文化学习内容丰富而庞大，仅仅依靠教师的传授是不够的，教学更重要的是培养学习的能力，这是一种可持续发展的能力，培养自主学习能力就是“授之以渔”，使学习者能够更好地完成学习目标。

2. 互动性原则

这里提出的互动性原则既包括了语言与文化的互动性，也包括了中西文化的互动性，还包括了教与学的互动性。教学应持发展的眼光看待语言与文化，两者是动态的，互相交织发展的，跨文化外语教学也应跟上时代的步伐，在互动发展中进行。中西文化之间应是平等对话、互动共存的关系，尤其是当今世界全球化趋势下，文化的互动共存更为明显，跨文化外语教学也应遵循这一规律，发挥中外文化学习的互促作用。在教与学的过程中，新型教学模式已经改变了单向传递的模式，强调的是教学传播过程中的双向传递、互动过程，教师教学影响着学生的学习，而学生又反过来影响着教师的教学传播行为。而跨文化交流本身就要求进行文化的双向交流，语言本身也是在交流中产生和发展的，因此，跨文化外语教学过程应是一个互动的过程，要充分发挥学生的学习参与积极性，取得好的教学效果。

三、外语教学方法

我国的外语教学曾先后采用过语法翻译法（简称翻译法）、直接法、听说法、认知法和交际法等几种主要的教学法。语法翻译法源自欧洲中世纪对于希腊语、拉丁语的教学，诞生于18世纪末，它是以翻译、阅读原著和分析语法为主要的教学活动，目的是培养学生的阅读能力，训练心智。其长处在于使学生语法概念清晰，阅读能力较强，翻译能力和写作能力得到提高。但不足之处也显而易见：强调阅读忽略了语言交际能力，学生语言应用技能差，交际能力差，而且教学形式单一、枯燥，学生容易失去学习兴趣。

直接法产生于19世纪下半叶西欧资本主义蓬勃发展、国际交往日益频繁的社会背景下，语法翻译法不能满足需要，针对语法翻译法的外语教学改革运动兴起。直接法主张借鉴儿童习得母语的方法，通过目的语直接学习和应用，不使用母语中介，用动作、图画等直观手段教学。其优点在于教学直观、注重实践，在培养口语能力方面效果显著。其缺点也不可避免：它夸大了儿童习得母语和成人学习外语之间的相似性，忽略了两者间的差异；忽视了母语在外语学习中的作用；强调经验和感性认识，注重口语，忽略了文学修养，学习者知其然不知其所以然。

听说法强调听说领先，通过反复模仿、强化操练形成习惯。其优点是重视句型结构的练习，并通过与母语的对比由易到难安排教学，有利于学习者掌握外语。但它过分强调机械性操练和死记硬背，忽视能力的培养；过分重视语言的结构形式，忽视语言的内容与意义。

认知法是在20世纪60~70年代认知教学论的基础上产生的。它强调语言的学习要靠理解、掌握语言规则，重视智力活动在获得知识过程中的积极作用，认为语言学习是主动的心理活动而不是形成习惯的过程。认知法在鼓励积极思维、发展智力，注重培养学生语言综合运用能力等方面显现出优势。由于认知法强调认知语法规则，所以它也称“现代语法翻译法”。而过分强调要在认知语法规则的基础上进行外语教学也是其缺陷，而且在实施过程中容易出现语法翻译法的老毛病。

交际法产生于20世纪70年代，主要由英国应用语言学家创立。交际法语言教学的目的是培养学生使用目的语进行交际的能力，语言教学的内容不仅要包括语言结构，还要包括表达各种意念和功能。交际法重视培养学生的语言能力，主张在交际活动中学习，教学活动情景化。交际法比较之前的教学法流派，其优点体现在：重视学生的实际需要，重视交际能力的培养，体现了语言的社会功能；教学过程交际化，提高了学生的交际能力。交际法也存在一定的缺陷：功能意念项目很难确定和统计；以功能意念项目为线索组织教学大纲缺乏科学性；功能意念项目与语法、句型结构之间的关系无法协调；教学中容易放任学生的语言错误，影响交际。

许多学者认为，从20世纪90年代起在各种教学法流派纷呈近百年的“方法时代”后，外语教学进入了“后方法时代”。“后方法时代”的教学法重视学习过程，重点在于语言知识的构建、学习动机与学习策略的培养，强调教师的主导性和学习者的自主性，以培养学习者的可持续发展能力为目标。“后方法时代”的教学法的代表是“任务型教学法”。它是指教师通过引导语言学习者在课堂上完成任务来进行的教学。在语言教学中，任务指为达到某一具体的学习目标而设计的活动。“任务型教学法”强调“在做中学”，在教学活动中，教师应当围绕特定的交际和语言项目，设计出具体的、可操作的任务，学生通过表达、沟通、交涉、解释、询问等各种语言活动形式来完成任务，以达到学习和掌握语言的目的。其优点在于以任务为中心，突显真实性，使学习者在任务驱动下学习和进行知识构建，有助于培养学生的综合语言运用能力和学习的自主化。“任务型教学法”在以往教学法的基础上形成，和其他的教学法并不排斥。

无论是“方法时代”的教学法，还是“后方法时代”的教学法，都有其产生的时代背景和适用环境，而日益发展的教学需求也促进着教学法的不断发展更新，因此我们不能拘泥、局限于某一种教学法，特别是在跨文化外语教学中，要有“教而有法，教无定法”的理念，针对不同的教学内容和教学情境选择不同的教学方法，综合运用各种教学法，扬长避短，以求最佳教学效果。例如，尊重认知法的认知规律，利用语法翻译法讲解基本的语法和语言基础知识，借鉴直接法的直观教学手段和听说法的对比操练，保证语言知识掌握和技能训练，以交际法和任务型教学法为主要教学过程和方法的设计参考达到培养学习者的语言综合运用能力和跨文化交际能力的目标。

四、教学评价

文化是跨文化外语教学的主要目标和内容之一，而文化的主观性和复杂性带来了文化测试和评价的困难。传统的纸笔形式和客观量化的测试在针对强调记忆的客观语言知识掌握的标准化评价上有其优势，但却无法客观评价学习者的能力、态度和学习过程等，因此，仅仅依赖传统的客观定量测试已无法满足跨文化外语教学的评价要求，基于“真实评价”和“表现评价”的定性分析评价法应运而生。

可以通过对学习者学习过程的观察，对其学习的努力程度、进步情况、学习态度和最终成就等做出综合性评价。学习者也可以通过评价过程来对自己的学习进行反思，促进和指导自主学习。

同时，形成性评价相对于传统的终结性评价，更能激励学生，帮助学生发现学习中的问题并及时调整，有效调控自己的学习过程，取得更好的学习效果。学习者容易获得成就感，有利于培养学习者的自信心，避免了一张考卷定优劣对学习者积极性的打击和学习热情的挫败。

因此，跨文化外语教学应该采取形成性评价和终结性评价相结合的评价机制，以更客观和积极地对学习者的情况进行反馈，并对学习者的学习起到良性的反拨作用。

综上所述，并参照《大学英语课程教学要求》中“基于计算机和课堂的英语多媒体教学模式”的设计，构建大学英语跨文化教学模式以图 5-1 简示。

总体说来，大学英语跨文化教学模式是以培养学生的跨文化交际能力为终极目标，以培养学生的交际能力（包括语言能力和语用能力）为基础目标，以英语语言知识与语言技能、文化知识和跨文化交际等为主要内容，将语言教学和文化教学有机结合，集多种教学手段和方法为一体的教学模式。教学过程中教师是教学活动的组织者，整个模式以学生为主体，教师为主导。

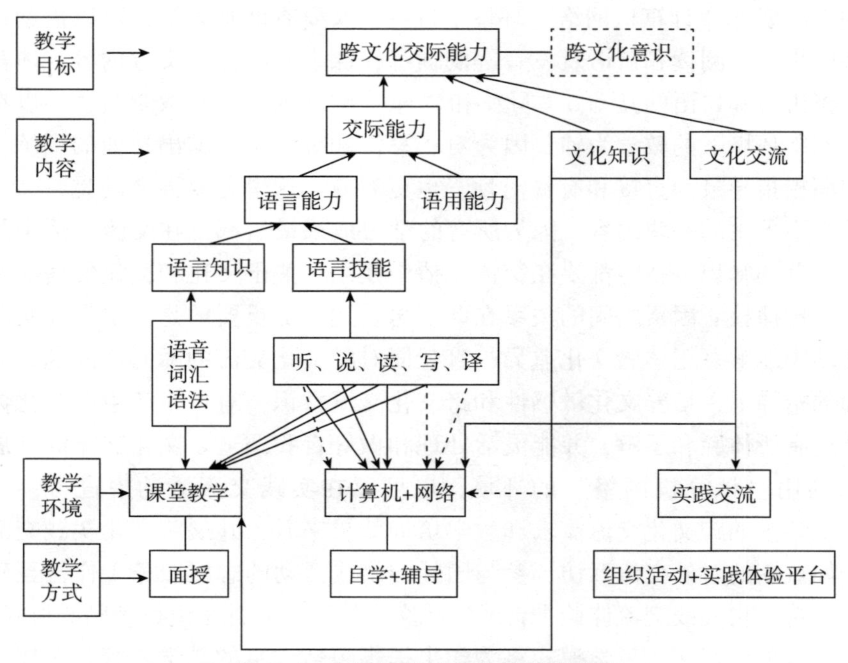

图 5-1　大学英语跨文化教学模式图

（注：本图是在《大学英语课程教学要求》中“基于计算机和课堂的英语多媒体教学模式”图的基础上，根据新模式构建的内容而设计。）

在此模式中，英语语音、词汇、语法等语言知识和听、说、读、写、译等语言技能，以及文化知识和文化交流教学活动可以通过计算机来进行，也可以通过教师的课堂教学来进行（图中实线箭头表示以某种教学环境为主，虚线箭头表示以某种教学环境为辅）。具体来说，“语音、词汇、语法”等语言知识和文化知识在课堂教学中进行，以便于使用语法翻译法讲解基本的语法和语言基础知识，并对文化知识进行必要的介绍和解释，使学生形成基础的认知；同时，利用“计算机+网络”的环境和条件，鼓励和引导学生开展自主学习，就文化知识主题进行搜索、学习和思考，发挥计算机和网络对学生思维发展和知识建构的参与、帮助作用，成为课堂文化学习的补充。文化知识以课堂教学为主，“计算机网络”环境下的教学为辅。针对“听、说、读、写、译”五项语言技能的不同特点采用不同的教学环境，“听”的训练主要在“计算机网络”环境下进行，更便于多种听力素材的使用，特别是网络上丰富的原汁原味的英语听力素材，能够给学生创造近乎真实的听力环境，同时辅之以课堂教学对听力技巧和方法等的适当讲解；“说”和“读”的训练既要在“计算机网络”环境下进行，又要有课堂教学，可以借助计算机和网络进行阅读和口语及发音等的训练，课堂同时进行文章内容、体裁等的分析讲解和口语的互动。“写”和“译”的训练以课堂教学为主，以在计算机网络环境下的教学为辅，因为对于写作和翻译两种输出技能的训练，教师的面授指导最为直接和有针对性，也更有效。这里需要强调的是，文化交流是必不可少的一块内容，因为所有的学习成果最后都是在交流传播中的实现，掌握的知识、技能都要在交流传播中使用，关于文化和交流传播这两个跨文化传播核心因素之间的关系在此不再赘述，更重要的是，学生在实践交流活动中能够真正体验文化差异、直观面对跨文化交流的障碍和问题，并在教师的指导下，培养文化敏感性和跨文化交流意识，对可能产生的文化休克等情况有所体验和了解，并能灵活处理和做好自我调适。文化交流的开展既可以利用“计算机网络”的环境，也可以在实践交流活动中进行，实际上，从学生的跨文化交流需求和教学培训效果来看，开展跨文化实践交流活动，如短期的对外交流互访、参与国际会议或活动的志愿服务工作甚至建立实体的跨文化实践交流体验平台或实践交流体验中心都是值得鼓励的形式。

大学英语跨文化教学模式将为学生提供包括丰富的教学内容、多样的教学手段、多种教学环境、多元教学方法的较为全面的立体教学模式，以达到培养跨文化传播人才的目标，从而满足我国在国际交往中跨文化传播的需要。

第六章
跨文化交际视域下大学英语翻译教学策略研究

第一节　大学英语翻译教学中跨文化意识的培养

一种语言在形成的过程中，肯定会受到当地文化的影响，哪怕是同一种语言在不同文化背景下都会有不同的表现形式。随着我国新课改的不断推进，大学英语翻译教学成为大学英语重要教学内容之一，翻译能力更是成为衡量大学生英语综合学习能力的标准。如果对于当地文化知识没有充分的理解，就很容易将原本语句的意思翻译错，由于东西方之间的文化存在很大的差异，所以，在大学英语翻译教学工作中，对于学生跨文化意识的培养是十分重要的。

一、提高教师的跨文化综合素养

作为一名大学英语翻译老师，在理论知识过关的同时，也应该培养自己的跨文化意识，通过各种方法丰富自己的英语文化知识，语言作为英语文化的一部分，不能将英语文化与英语翻译有机结合，就不能真正地将英语翻译教学更好地发挥作用。教师作为学生英语翻译教学的主要引导者，教师本身所具有的跨文化知识和意识会直接影响学生跨文化意识的培养和运用。教师在生活中可以通过不断的出国学习、观赏外国录像和外文歌曲等渠道了解外国文化，在教学过程中要注重培养学生的洞察力，加深对于母语文化和英语文化知识的解读，让学生充分了解两国之间的文化差异，从而将跨文化意识带到翻译应用中。

二、开展以实践为主的教学活动

在新课改模式下，教师不仅要注重学生的考试教学，也要注重学生对于知识的运用能力，这就要求教师在英语翻译教学过程中改变原有的传统教学模式，采取实践引导的教学模式，让学生主动参与到教学中。为了让学生更好地理解两国之间文化的差异，可以采取角色扮演等方式来详细解读跨文化的差异，让学生对英语充满兴趣的同时，逐步培养学生跨文化意识。对于外国文化背景的讲解，通过作业的方式，让学生主动地去查阅资料，利用图片、音频、视频等方式展示自己的成果，并且通过讨论等方式加深对于文化背景的理解，将外国文化更好地运用到英语翻译中，使学生的英语翻译能力得到提高。

三、深入理解词汇文化内涵

大学英语的语句都是由最基础的词汇组成，长期以来，学生的翻译都是通过对于词汇的死记硬背完成的，不了解每个词汇背后的文化内涵，学生每天都是通过背诵、默写的方式学习英语单词，造成翻译出来的英语语句过分生硬，因此，在教学过程中要将词汇的意思与文化背景产生联系，语句的不同，词汇就会有不同的意思。比如在我们中国喜鹊是吉祥的寓意，但是在西方国家喜鹊却被翻译成为小偷的意思，由于文化背景的不同，就造成完全不同的两种意思，如果不能给学生在词汇教学中进行文化的输出，就很容易导致学生在翻译过程中出现翻译差错，所以对于词汇文化内涵的深入理解也是增强翻译能力和效果的一种重要方法。

四、在翻译教学中增加对于本土文化的渗透

大学生在英语翻译教学中跨文化意识的培养，不是仅仅对外国文化有更深层次的解读，也必须重视对于本土文化和母语文化的渗透，英语翻译是双向互动的过程，让学生在翻译中更好地传达中华民族传统文化也是教学任务的一部分。让学生在母语和外语对比学习中，从本质上意识到中西方文化存在的差异，语言文化的形成与国家的文化和生活是息息相关的。中华民族传统文化源远流长、博大精深，在大学英语翻译教学中不能崇洋媚外、过分西化，在英语翻译教学中适当地融入中华文化的母语文化，可以大大提高跨文化教学的效果。

第二节　跨文化视域下大学英语翻译教学的侧重策略

一、提高对英语翻译跨文化教学的重视

语言翻译离不开历史文化的情景和语境，两者的关系紧密相连，不可分割，所以英语翻译教学务必要结合历史文化背景知识的渗透进行。在日常的高校英语翻译教学中，教师务必要重视对英语语言文化背景知识的讲授，让学生习惯在文化语境中进行翻译学习和翻译实践，提高跨文化意识。所以，高校英语教师在翻译教学中，要紧密结合英语文化教学，让学生通过多种方式了解和掌握英语国家的历史文化和风俗人情等知识。例如，教师在授课中讲授词汇知识时，需要指导学生总结、梳理相关词汇在中西不同文化背景下的含义和用法，让学生通过了解词汇的不同含义而掌握词汇所反映的历史文化知识，增进对词汇含义的认知，积累丰富的词汇知识，有助于学生准确科学地进行翻译，避免学生在翻译时产生误解与错误。为提高学生学习英语语言文化的积极性和主动性，教师需要建立一套英语文化知识学习方案，将其纳入日常的英语学习考核体系中，对学生在各个阶段所需掌握的词汇知识、西方文化背景、历史知识、风俗习惯等，都作出明确界定与规定，注明考核内容、考核方式与考核时间，并将其作为英语课程的重要考核内容，将测试成绩计入综合成绩中，才能激发学生的学习动力和信心。除了将文化历史知识纳入考核，教师还需要将翻译职业的岗位知识也纳入日常的课程讲授中，帮助学生深刻认识翻译专业和翻译工作，提高其毕业后就业的竞争力与适应能力。除此之外，在日常教学过程中有必要给学生提供更多接触跨文化知识的机会，借助互联网以及其他形式获取大量的跨文化知识内容，唯有通过多接触和多了解，才能够逐渐帮助学生累积丰富的跨文化知识，逐渐改善学生在跨文化知识积累方面的短板。

二、为学生营造良好的跨文化翻译学习环境

高校在进行英语翻译教学时，务必要重视跨文化翻译学习环境和氛围的构建，让学生在翻译实践中增长翻译经验、积累翻译技能、巩固翻译知识。学校可以举办一些跨文化交流活动或创设相应的语言环境，如举办英语角，发动和组织以英语为母语的留学生、外教以及翻译专业的学生参与，让

学生在与留学生和外教的交流活动中获得不同的文化体验和认知，提高英语表达的规范性和准确性，增强跨文化翻译意识，提高翻译水平。除了构建交流平台与途径外，高校还可以组织各种英语学习社团或小组活动，让学生通过翻译西方经典戏剧和影片台词、用英语撰写西方电影赏析等方式，把兴趣爱好与英语翻译学习相结合，在不断的翻译实践和练习中积累翻译经验，获得翻译能力的有效提升。另外，学校还可以聘请一些外籍教师专职或兼职讲授英语翻译课程。外籍教师既有深厚的英语国家文化背景知识储备，又有丰富的在中国生活经历、经验，对于跨文化交流具有自己独特的见解和看法，能够给予学生与中国教师不同的教学互动与启发。学生在与外籍教师的交流中，能够更加直观地感受到西方文化的内涵与精髓，能够换一个角度发现自己在翻译学习中存在的问题与理解方面的障碍，通过与外籍教师展开课堂提问和课下沟通等方式，获得具有针对性的辅导与帮助，进而提高翻译能力和水平。在这里，需要注意外籍教师的选聘标准，最好选择在中国生活工作时间较久、教学能力较强、对中国传统文化有深入了解和认识的外籍人士，否则难以保证良好的翻译教学效果和质量。除了上述形式之外，也可以通过校企合作的方式为翻译专业的学生提供一定的实践机会，让学生在真实的翻译岗位环境下进行翻译工作，了解职业化翻译的相关要求，完成一定量的翻译工作内容，逐渐掌握翻译的规律以及各类技巧，通过在真实工作环境中实践来丰富学生的翻译过程，不仅有利于学生翻译技巧的提高，同时也为学生今后走向翻译岗位奠定良好基础。

教师在进行英语翻译教学时，要将增强学生的跨文化意识作为教学重点予以重视和强化。从语言翻译的理论来看，中英互译并不是表面上所看到的英文单词和汉字的重新排列与组合，而需要体现文化的差异与思维。所以，翻译是一种跨文化和跨语言的信息交流与沟通活动，如果翻译者不提高跨文化意识，不深刻理解中西文化，翻译出的内容将不符合中外双方的需要，也不利于民族或国家间的文化沟通与交流，甚至会给双方造成误会和障碍。所以，教师在英语翻译教学中，务必要重视对学生跨文化意识的培养，并将这种培养贯彻于翻译教学的全流程和各环节。英语翻译教学不仅仅是对语言知识和技能的传授，还包含众多历史文化知识与文化元素，高校可以通过开设中西文化比较、西方文化知识等课程，让学生进行广泛的选修，还可以鼓励学生通过观看影视作品、话剧、舞台剧，阅读相关文化类书籍等方式在日常生活中积极主动地获取英语跨文化知识的相关内容，深入认识中西文化的异同，进而消除翻译障碍，提高翻译水平和能力。

三、应用中西文化对比开展翻译教学

在进行翻译教学过程中，教师需要有意识地向学生灌输中西文化知识，让学生在中西文化对比的情境中学习，激发学生强烈的跨文化意识。在教学实践中，教师可以从中西方价值观念与道德标准、中西方社会风俗礼仪、中西方社会生活和社会关系、中西方餐饮与服饰等方面的差异着手进行专题性或综合性教学，可以借助多种教学方式，如为学生播放电影、视频、图片，让学生听取有关中西文化差异的讲座等，不断增强学生对中西文化差异的理解。跨文化视角下的翻译教学需要教师将中西文化同时展示给学生，教给学生通过考虑和尊重两种文化的差异而进行翻译学习与实践，教师要引导学生多学习、多对比、多思考，在对比和思考中增加跨文化翻译训练频次，让学生能够在学习和翻译实践过程中了解和熟悉中西文化差异，增强跨文化翻译意识和能力。加强关于中西方文化差异的认知，才能够让学生深刻理解处于不同文化环境中同一意思的差异化表达形式，确保翻译过程中的准确呈现。

第三节　跨文化视域下大学英语翻译教学的模式策略

经济全球化背景下，中西方的文化交流呈现出日益密切的态势，培养更多跨文化交际的优质人才，成为新时期对外交流的重要任务。当前，英语翻译教学的侧重点已经开始发生偏移，许多高校英语教师从跨文化视角出发，尝试多元的英语翻译策略与方法的实施，提高当代大学生的综合素质，使跨文化交际能力和翻译技能得到全面强化。

为了消除文化差异造成的影响，在开展跨文化的翻译教学过程中，要深刻了解中西方的文化差异。跨文化交际的前提，是要尊重双方的文化差异。翻译工作者在开展翻译的过程中要尊重目的语的文化本质，在进行语言转换的过程中要尊重对方的文化差异，开展有针对性的翻译。只有在翻译完成之后，能够形成有效的沟通和交流，并展现出对对方文化的高度尊重，才能够持续推动世界文化的交流共进。

高校的英语翻译教学，既要高度关注技巧的传授，同样也要在文化差异教学上下功夫。只有保持两者的协同性，才能为学生的健康成长服务，培养

更多跨文化交流的优质人才。

一、教师的翻译教学模式

大学英语翻译教学是整个英语教学的有机组成，从大学期间组织的英语考试情况来看，其他题型学生能获得一定的分数，但就英语翻译题来讲，是学生在众多题型中获得分数最少的，学生一般通过直接翻译的形式翻译句子，或者有的学生翻译得不准确，有的学生看到题目以后，就直接进行翻译工作，翻译得较为枯燥。学生翻译之后，存在缺少主语、主语和谓语重复的情况，最为关键的是，学生在进行翻译的过程中，对句子的语境不甚了解，不了解单词的内涵和外延，不能充分理解段落中的单词，不能找到相近意思的单词予以替换。学生对分析语境不重视，在进行翻译的过程中，对时态的运用掌握不准确。所以，教师开展翻译教学的时候，要重视培养学生的语境意识，让学生知道如何分析语境，能够将文章的中心句找出，以免出现翻译重复的情况，引导学生通过最少的单词或语言实现最精确的意识。教师实际教学的时候需要对以前的教学方法予以改变，对学生综合的翻译能力予以培养和提升，重点纠正学生直译的情况，让学生具有一定的语言表达能力且有能力对句子的中心句进行分析，能够理解句子中蕴含的文化内容且具有较强的转换语言能力。同时，在高校翻译教学的过程中，教师要对学生予以指导，引导学生对语言模糊性学习，学生进行翻译的时候，不能仅仅对语言的精准翻译过度重视，还需要让语言有一定的美学色彩，其中通过模糊语言就能实现语言的美化，让翻译后的语言文字更加灵动，实现更好的翻译效果和质量。比如在向学生讲解译文的时候，先带着学生一起阅读翻译内容，比如“太极拳在招式上讲究的是式正招圆，其整体美感比较大方、舒展、清雅，宛如中国水墨画”，这一段讲述的是传统武术太极拳，难以用准确的英文单词予以概括，如果直接翻译将会导致译文过于生硬，无法将我国的文化底蕴予以很好的展示，这就需要教师对学生加以语境的分析，这段话主要是太极拳在招式和美感上的特点，模糊化处理语言内容。经过讲解、指导后，有学生将其翻译为“Taijiquan emphasizes smooth and decent moves, features grace and elegance in stretching, just like Chinese ink painting.”，这样的翻译是灵活且较为准确的。在实际教学的过程中，教师还应该充分引导学生，让学生认识到东方文化和英文语言存在一定的差异，除了在表达方式中存在的不一致外，在词语的丰富度、含义上也存在很大的不一致，对此我们要有清醒的认识和理解。

二、注重学生的主体地位

在开展语言教学的过程中，作为教师首先应该充分认识到学生是学习的主体，必须具有以学生为中心的思想。作为外来语言，英语知识的学习对很多国内学生来讲存在很大的难度，在众多学科中英语应该是最难的学科之一，有的学生即使非常刻苦，但是英语能力却没有相应的提升。这其中不仅有学生自己单方面的问题，比如学习不连续，学习导向为考试，学习态度不端正较为敷衍等，教师在其中也有很大的不足。要想切实解决学生在英语翻译学习中存在的不足，大学英语教师应该立足学生实际，及时和学生沟通交流，了解学生在英语翻译学习中的情况，然后有针对性地开展翻译教学活动。但是纵观当下很多英语教师开展的翻译教学，还存在很大的不足，比如以自我为中心，过度重视教辅材料，学生本应是主体地位却被边缘化。在这样的教学理念下，老师不关注学生学习的中心地位，仅仅重视自己的主导性，因此导致学生的学习能力没有得到有效提升，这也是为什么学生经过长时间的英语知识学习，但是英语能力却较低的主要原因，更不利于学生翻译过程中语言模糊处理能力的提高。这就需要老师在进行教学的时候，要充分调动学生学习的积极性，引导学生深度参与课堂教学，让学生积极参与实际教学活动，深入开展老师和学生之间的沟通交流活动，让学生和老师合作，学生与学生合作，充分激发学生学习的主体意识，培育学生运用语言的逻辑思维能力，最终实现翻译能力提升的目的。比如，教师在课堂上开展英语翻译教学时，可以通过分组的形式开展教学活动，引导学生小组讨论，合作翻译，教师分组指导，并向学生展示翻译的标准，其一，语境与原文相符；其二，更加准确地转化语言表达；其三，翻译后的语言要有一定的美学，注意语言的模糊性翻译措施。学生完成翻译之后，教师对学生的翻译做出相应的评价，并计入学生的过程性评价。通过这样的形式，不断提升学生的翻译积极性，正确对待翻译知识的学习，实现翻译能力培养的目的。

另外，可以通过培养学生的思维能力来提升学生的翻译能力，主要可以通过以下四点实现。第一，对比英汉思维方式的差异。翻译过程中词汇与句法的不同源于英汉文化差异，这就需要让学生了解中西方文化以及中西方思维方式的不同。比如，在翻译教学的过程中，对于同一概念的表达，教师可以让学生进行不同思维方式的转换，加深学生在翻译过程中的文化意识，让学生一方面意识到文化差异、内外有别，另一方面培养学生作为文化传播者的使命感，更重要的是让学生在承认差异存在的基础上，培养文化自觉与自信，提升学生跨文化交际的能力，可以更好地讲述中国故事。第二，注重学生翻译理念的培养。树立正确的翻译理念对学生有着重要的意义。在翻译教学过程中，教师可以通过素材的选择，将翻译课程所蕴含的人文价值和思政价值有机融入知识的传播与技能的培养中，将理论和真实的案例结合在一起，让学生切实体会到语言之美和翻译之妙，感受文化与翻译所创造的美。第三，注重译文的表达习惯。英汉思维方式的差异导致两种语言表达方式的不同。翻译时，译文必须符合译语的语言习惯，由于学生在翻译的过程中经常会受到汉语思维的影响，导致翻译的效果不是十分理想。因此，教师要让学生充分考虑英汉两种语言在表达形态上的各种差异，培养学生的英语思维，直接理解英语，按照英语语言的组织方式进行表达，能够脱离汉语思维的束缚，不会受到汉语母语的干扰，有效地避免中式英语。通过反复练习，学生在真正进行翻译的过程中，在理解原文的基础上，才能摆脱原文语言方面的影响和束缚，设法按照译文的表达习惯，把原文的意思大胆灵活地表达出来。第四，提供优质的课外学习资源。翻译应具备的是一种建立在语言能力基础上的综合能力，它要求译者有较为宽广的知识面。在当今世界，互联网、云计算、大数据等现代信息技术深度改变着人类的思维、生产、生活及学习方式。教师要鼓励学生多渠道了解目的语国家和自己国家的历史、文化、风俗、习惯等知识。例如，通过多媒体为学生播放一些经典的英文电影或英文歌曲，学生在课下还需要不断地与外界进行英文交流，听英文有关的节目，阅读英文报纸、杂志、作品等，通过学习这些英语材料，学生能够深刻地体会到中西方不同的思维方式，锻炼批判性思维，还可以充分了解西方国家的文化，用英语学习知识，培养学生的思维能力和思辨能力，提升学生的人文素养和国际视野，树立良好的人生观和世界观。

三、让译文选择更加科学

在开展翻译的时候，其中主要的三个要素之一就是译文。在对译文选择的过程中需要教师对译文的科学性予以了解，明确必须和学生的学习、练习相符合。语言非常奇妙，其不仅仅能够实现两到多人的沟通，还能承载更多的文化内容，其中蕴含着一个民族、国家的表达和思维方式，以及做事的方式方法。我国具有悠久的历史和灿烂的文化，我国语言之中的文化色彩较为浓厚和丰富，在将汉语翻译为英语的过程中转化难度较大，对学生来讲是很大的挑战。在长期文化的熏陶和影响下，我们的思维方式已经相对固定，语言表达行为也趋于固定。相较于汉语思维，英语则体现的是西方的思维习惯和表达方式，其分析较为理想且解析能力较强，语言较为直接，因此在对其开展翻译的时候，学生就应该在英语和汉语之间找到相应的平衡点，探寻出可以模糊语言的地方，有效转化两种语言，将各自不同之处予以凸显的时候，还能够不失去汉语和英语的文化底蕴。教师在对译文选择的时候，需要选择真实的语境，了解其中的文化知识和内涵，这样才能对学生语言模糊能力予以有效锻炼，实现学生翻译思维的科学培养，全面提升学生运用文字的能力。比如，可以通过一些官方的网站，对真实存在且文化色彩丰厚的译文予以探寻，在选择的过程中还应该注意丰富主题，以免选择的主体较为单一。如 CGTN 的官微中，有大量有关政治、经济、文化、民生探讨的中英文素材。通过这样的方式，能够促进学生对文化的认识更加丰富，可以对翻译技巧很好的掌握，对不同语言文化进行语言模糊，进而对学生的翻译能力予以培养。教师在课后给学生布置练习的时候，也应该了解译文内容是否恰当，价值观的传递是否正确。

参考文献

[1] 教育部．普通高中英语课程标准(实验)［M］．北京：人民教育出版社，2003.

[2] Spitzberg B,Cupach W. Interpersonal Communication Competence［J］. Beverly Hills，CA：Sage，2008：45-46.

[3] Fantini，AE. Developing Intercultural Communicative Competence［J］. TESOL-Spain Quarterly Newsletter，2012：132.

[4] Stone william. Dynamics of Intercultural Communication［M］. Dubuque，IA：Brown，2010.

[5] Wiseman RL. Intercultural communication competence［J］. Thousand Oaks，California：Sage Publication，Inc.，2003：198-199.

[6] Byram M. Teaching cand Assessing Intercultural Communicative Competence［M］. Clevedon，UK：Multilingual Matters，2011：13-14.

[7] 贾玉新．跨文化交际学［M］．上海：上海外语教育出版社，1997.

[8] 张红玲．跨文化英语教学［M］．上海：上海外语教育出版社，2007.

[9] 文秋芳．英语口语测试与教学［M］．上海：上海外语教育出版社，1999.

[10] 胡文仲．跨文化交际与英语学习［J］．英语教学与研究，1988：23-28.

[11] 邓炎昌，刘润清．语言与文化——英汉语言文化对比［M］．英语教学与研究出版社，1989.

[12] 胡文仲，高一虹．英语教学与文化［M］．北京：英语教学与研究出版社，1997.

[13] 陈申．外语教育中的文化教学［M］．北京：北京语言文化大学出版社，1999.

[14] 教育部．Junior English for China［M］．北京：人民教育出版

社，2013.
[15] 教育部 . Senior English for China [M]. 北京：人民教育出版社，2007.
[16] 教育部 . 普通高中英语课程标准（实验）[M]. 北京：人民教育出版社，2003.
[17] 教育部 . 义务教育英语课程标准（2011）[M]. 北京师范大学出版社，2012.
[18] 李辉 . 高中英语课堂教学中的文化教学策略 [D]. 长春：东北师范大学，2009.
[19] 程昱 . 高中英语教学中的学生跨文化交际能力培养 [J]. 现代阅读，2013（2）：35-36.
[20] 谢燕 . 高中英语教学中如何培养学生的跨文化交际意识和能力 [J]. 中学生英语，2013（5）：23-25.
[21] 冀盈 . 新课程高中英语教学培养跨文化交际能力的策略 [J]. 教育探索，2011（3）：8-11.
[22] 张银萍 . 跨文化交际能力在高中英语教学中的现状及培养措施 [J]. 英语教学与研究，2015（4）：40-41.
[23] H. H . Stern. Fundamental Concepts of Language Teaching [M]. 上海：上海外语教育出版社，2012.
[24] 胡文仲 . 跨文化交际学概论 [M]. 北京：英语教学与研究出版社，2003.
[25] Edward. Lan guage：An Introduction to the Study of Speech [M]. 北京：英语教学与研究出版社，2002.
[26] Noam Chomsky. Syntactic structures [M]. 北京：中国社会科学出版社，1979.
[27] Edward Sapir. 语言论：言语研究导论 [M]. 商务印书馆，1985.
[28] 束定芳 . 中国文化英语教程 [M]. 上海：上海外语教育出版社，1996.
[29] Edward T . Hall . The Silent Language [M]. 北京：北京大学出版社，2007.
[30] 严明 . 大学英语跨文化交际教程 [M]. 北京：清华大学出版社，2009.

[31] 贾玉新．跨文化交际学［M］. 上海：上海外语教育出版社，1997.

[32] William B. Gudykunst. 跨文化交际理论建构［M］. 上海：上海外语教育出版社，2014.

[33] Michael Byram. Teaching and Assessing Intercultural Communicative Competence［M］. 上海：上海外语教育出版社，2014.

[34] Michael Byram. From Foreign Language Education to Education for Intercultural Citizenship：Essays and Reflections［M］. Clevedon：Multilingual Matters，2013.

[35] Bruce Joyce，Marsha Weil . Model of teaching［M］. 8 版．北京：中国人民大学出版社，2014.

[36] 李秉德，李定仁．教学论［M］. 北京：人民教育出版社，2005.

[37] 王才仁．英语教学交际论［M］. 南京：广西教育出版社，1996.